# La influencia de un hombre de Dios

## Cómo vivir la vida con resultados duraderos



JIM GEORGE

EDITORIAL PORTAVOZ

La misión de *Editorial Portavoz* consiste en proporcionar productos de calidad —con integridad y excelencia—, desde una perspectiva bíblica y confiable, que animen a las personas a conocer y servir a Jesucristo.

Título del original: *God's Man of Influence,* © 2003 por Jim George y publicado por Harvest House Publishers, Eugene, Oregon 97402.

Edición en castellano: *La influencia de un hombre de Dios,* © 2003, 2013 por Jim George y publicado por Editorial Portavoz, filial de Kregel Publications, Grand Rapids, Michigan 49501. 

Traducción: John Alfredo Bernal

EDITORIAL PORTAVOZ
P.O. Box 2607
Grand Rapids, Michigan 49501 USA

Visítenos en: www.portavoz.com

ISBN 978-0-8254-0532-7

2 3 4 5 edición / año 17 16

*Impreso en los Estados Unidos de América*
*Printed in the United States of America*

# Contenido

# Palabras de bienvenida

¿Qué aspecto tiene y qué hace un hombre de influencia? ¿Qué es lo que hace que su vida produzca efectos duraderos?

Durante los últimos 30 años he procurado convertirme en un hombre de influencia, he estudiado el carácter de los hombres de influencia que Dios ha puesto en mi vida y también he investigado en las Escrituras para extraer un entendimiento de los rasgos de los hombres piadosos de la Biblia.

Qué gozo fue durante todo el año pasado el poder sumergirme por completo en el estudio de la influencia, y en particular el tipo de influencia que tiene efectos duraderos. He descubierto por ejemplo, que...

La influencia es un proceso.
La influencia es costosa.
La influencia nunca es neutral.
La influencia es poderosa.
La influencia es una cuestión social.
La influencia es exigente.
La influencia es difícil de adquirir.
La influencia puede perderse con facilidad.
La influencia debe ser deseada.
La influencia es privilegio de todos.
La influencia es responsabilidad de todos.
La influencia es afectada por las relaciones entre personas.
La influencia puede ser adquirida por cualquiera.

En especial me siento complacido de que usted también desee convertirse en un hombre que vive una vida de influencia duradera, y espero que juntos hagamos el recorrido hacia la meta de convertirnos en hombres de influencia. Le invito a acompañarme y juntos vamos a emprender un viaje provechoso en el que estableceremos el perfil de algunos de los hombres más grandes y de mayor influencia en la Biblia. Únase a mí para que juntos aprendamos cómo nuestra vida secreta de crecimiento y madurez nos prepara para tener una vida pública de influencia. Juntos haremos una inspección cuidadosa de las señales exteriores de un hombre de influencia, y si usted quiere llegar todavía más lejos conmigo, disfrutará las preguntas de aplicación al final del libro.

Que Dios le anime y fortalezca al emprender el viaje más importante de su vida, el viaje que es convertirse en un hombre de influencia.

Su compañero de viaje,
Jim George

Primera parte:

# Los secretos de una vida de influencia

*Mi vida tocará una docena de vidas antes que termine este día. Habré dejado marcas para bien o para mal con la puesta del sol. Por eso, el deseo que siempre tengo y la oración que siempre elevo es: Señor, que mi vida ayude a otras vidas que toque en el camino.*[1]

1

# Perfil de un hombre de influencia

*Con Dios todo es posible.*
—Mateo 19:26

En su libro ganador del premio Pulitzer de literatura de 1955 titulado *Profiles in Courage* [Perfiles de valientes], John F. Kennedy el difunto presidente de los Estados Unidos, escribió crónicas sobre la vida de ocho senadores norteamericanos. Describió la manera como estos hombres soportaron las presiones del cargo público, los riesgos permanentes a sus carreras, la popularidad con el pueblo, la difamación de su carácter, etc., todos ellos con valentía ejemplar.

Ese libro tuvo un gran efecto sobre los que pertenecieron a la generación de los sesenta y muchos otros después de ellos. Kennedy se especializó en perfilar vidas influyentes y lo hizo con maestría. En sus perfiles incluía los elementos que demostraban el coraje de estos personajes políticos.[2] Su libro permitió que los lectores entendieran mejor las vidas y las luchas propias de estos ocho senadores.

A pesar de la "mala prensa" que pueda hacerse al respecto, la elaboración de perfiles puede ser un ejercicio beneficioso. En mi diccionario, *perfilar* se define como desarrollar una lista de características que representan a alguien o algo. Esto significa que alguien puede observar la vida de otra persona y escribir una lista de características que incluye cosas como sus hábitos, principios, creencias y opiniones. Esta lista representaría la vida de esa persona y se convertiría en su perfil personal.

## El perfil de su vida

Cada persona tiene un perfil. El perfil de cada persona está compuesto por sus patrones de conducta al igual que sus hábitos, principios y creencias. Estas cosas nos indican quién es ese hombre o esa mujer como individuo. Por ejemplo, yo tengo un perfil específico como trotador. Si usted fuera a examinar mi vida como trotador vería que me ajusto a ciertos criterios de resistencia y salud atlética. Mi desempeño profesional como pastor, escritor, conferencista y maestro también define un cierto perfil que me es propio. De hecho, cada profesión y área de trabajo tiene un perfil específico.

¿Alguna vez ha pensado en su perfil personal y en si su vida tendrá influencia perdurable? Si la gente se detuviera a examinar su vida, ¿qué verían? Si publicaran después esa "investigación", ¿qué características incluirían en su informe de acuerdo con los patrones que encuentren en su vida? ¿De qué manera influye usted en la vida de los demás?

Debo confesar que no siempre estoy complacido con el perfil de mi vida, y es probable que lo mismo sea cierto en su caso, según la opinión que tenga de sus hábitos y actividades. Esto se debe a que sin importar cuál sea nuestro perfil, siempre hay algo en lo que se puede mejorar. Por otro lado, una de las mejores maneras de evaluar nuestro propio nivel de influencia y quizá hacer algunos cambios para mejorar, es mirar la vida y el perfil de otros cuyas vidas merecen ser imitadas.

Así pues, juntos vamos a pensar en nuestra propia vida mientras vemos la vida de otros. Veamos qué podemos aprender acerca de cómo puede uno convertirse en un hombre de influencia.

## Las cualidades de un hombre de influencia

Empecemos nuestra lista de cualidades con un estudio de la vida del apóstol Pablo. Dediquemos tiempo a perfilar las características de este hombre y su vida asombrosa. ¿Por qué Pablo? Porque Pablo vivió...

- una vida de obediencia a los mandatos del Señor
- una vida de servicio a los demás
- una vida de mansedumbre y humildad
- una vida de oración
- una vida llena de fe y confianza
- una vida en el poder del Espíritu Santo
- una vida de amor y estudio de las Escrituras
- una vida que modeló la semejanza a Cristo como ejemplo a seguir
- una vida de fidelidad hasta el fin

¿No le gustaría tener un perfil como este? ¡A mí me encantaría! Dios nos ha dado a Pablo como un ejemplo excelente que podemos seguir. ¿Qué hombre cristiano no quisiera vivir de una manera tan poderosa como Pablo lo hizo? Al modelar nuestra vida conforme al ejemplo de este hombre extraordinario, usted y yo podemos tener gran influencia en nuestro hogar, nuestra familia, el lugar de trabajo, la iglesia y el vecindario. A medida que estudiemos la manera como Dios obró a través de Pablo (y otros), vamos a tener juntos la determinación, desde el principio, de permitir que Dios obre en nosotros y haga algunos cambios necesarios en nuestra vida.

Esta es mi oración por usted y por mí:

que exhibamos un corazón abierto a medida que avanzamos en nuestro recorrido por estos perfiles diversos, que seamos sensibles a la iniciativa del Señor al examinar la vida poderosa de Pablo y otros hombres de Dios,

que estemos dispuestos a hacer cambios drásticos si el Señor nos dirige a hacerlo, y

que pidamos a Dios en oración una pasión mucho mayor para vivir la vida cristiana.

¿Se le mide usted a este reto, amigo mío? Confío en que lo hará.

## El perfil de un hombre de influencia

*Pablo.* La simple mención de este nombre trae un sinnúmero de rostros a la mente. A mí el nombre *Pablo* siempre me recuerda a mis dos yernos porque los dos se llaman Pablo. Tal vez para usted haya sido el nombre de un viejo y buen amigo, pero al empezar nuestra definición de perfiles, el Pablo en quien debemos pensar es el apóstol Pablo. ¿Por qué Pablo? ¿Qué fue tan único en su vida que le haría digno de nuestra atención como un hombre de influencia?

En la superficie, Pablo el apóstol no era un espécimen masculino con físico escultural. Un escritor le describió como "medio calvo" y "con piernas arqueadas".[3] Un líder de la iglesia del siglo segundo describió a Pablo como "corto de estatura, sin pelo en la cabeza y con piernas torcidas, cejas unidas sobre sus ojos y nariz de garfio".[4] Pues bien amigo mío, ninguna de estas descripciones presenta a Pablo como un hombre legendario en la opinión de los hombres.

No, su presencia física imponente no fue lo que hizo de Pablo un personaje cristiano tan sobresaliente. Fue su vida de poder, y esto es lo que queremos perfilar. La vida de Pablo se caracterizó por el amor, la compasión, la paz, la humildad, el enfoque y muchas otras cualidades nobles que le convirtieron en una fuerza poderosa de la fe cristiana, en un hombre de mucha influencia.

Se ha dicho que el apóstol Pablo fue el personaje más sobresaliente que la fe cristiana ha producido en toda su historia.[5] Esta es una declaración casi inverosímil sobre un solo hombre entre los millones que han invocado el nombre de Cristo como su Salvador. Hace poco volví a leer un libro acerca de Pablo titulado *El hombre que sacudió el mundo*.[6] Este título pasmoso se emplea para describir la vida de un solo hombre entre las miríadas de creyentes que han vivido en el transcurso de todos estos siglos de cristiandad. Es evidente que Pablo tuvo un efecto significativo en el mundo que le rodeó.

A medida que establecemos el perfil de la vida influyente del apóstol Pablo a través de la lente de las Escrituras, estos y muchos otros logros suyos saltan a la vista:

- *Pablo escribió por inspiración divina 13 libros del Nuevo Testamento.* El apóstol Juan escribió cinco libros y el gran apóstol Pedro solo escribió dos. (La hazaña de Pablo resulta más prodigiosa todavía si consideramos que en su tiempo la escritura se hacía sobre pieles de animales y juncos prensados, con plumas que debían impregnarse todo el tiempo con una mezcla especial de carbón y agua que servía como tinta).
- *Los escritos de Pablo contribuyeron muchas de las verdades doctrinales esenciales de la fe cristiana.* Dios comunicó muchas verdades fundamentales del cristianismo por medio de Pablo, y la iglesia ha podido edificarse y crecer sobre esas verdades durante los últimos dos milenios (verdades acerca de la justificación por fe, la iglesia como el cuerpo de Cristo, los dones espirituales, la deidad de Cristo, la resurrección, el regreso de Cristo y el reino de Dios, para nombrar solo algunas).
- *Pablo fue un pionero en las misiones y la fundación de iglesias.* Los misioneros y plantadores de iglesias han definido sus estrategias durante los últimos 19 siglos conforme al modelo de productividad y disciplina de Pablo. (Yo fui misionero y he leído muchos libros que describen en detalle los viajes misioneros de Pablo y su aplicación para hoy).
- *Pablo fue uno de los grandes discipuladores de hombres.* Este hombre levantó un sinnúmero de hombres piadosos que

continuaron la obra de su ministerio. Hasta el día de hoy seguimos con el reto de ajustarnos al modelo establecido por Pablo en esta admonición a sus discípulos: "Lo que has oído de mí ante muchos testigos, esto encarga a hombres fieles que sean idóneos para enseñar también a otros" (2 Ti. 2:2). (He dedicado la mayor parte de mi vida cristiana a aplicar el modelo establecido por Pablo en este versículo, primero en mi preparación cuidadosa en manos de "hombres fieles" y luego con la transmisión de ese adiestramiento a "otros".)

## El sendero hacia una vida de influencia

No obstante, existe un aspecto de Pablo y su vida de influencia del cual muy pocos hablan: La vida de Pablo estuvo llena de *adversidad*. En muchas ocasiones sus hermanos en la fe no le comprendieron. Fue acosado sin tregua por los enemigos del evangelio. Pasó muchos días, semanas, meses y hasta años en cárceles a causa de su fe. Existen además algunos hechos adicionales sobre la vida y el servicio de Pablo a Cristo que pudieron verse como "reveses" insuperables. Si usted o yo pensamos alguna vez que Dios no puede usarnos de forma poderosa debido a las adversidades que enfrentamos, ¡más nos vale pensarlo mejor! Si usted se desanima en algún momento a causa de un "revés" aparente en su contra, ¡piénselo de nuevo! Recuerde los siguientes hechos acerca del sendero que Pablo tuvo en su vida:

- *Pablo no se convirtió en cristiano hasta que fue mayor de 30 años.* (La mayoría de los cristianos han rendido su vida a Cristo antes de los 15 años de edad.)
- *Pablo no empezó su ministerio formal hasta que tuvo más de 40 años de edad.* (Casi ningún comité pastoral consideraría el currículo de un hombre mayor de 40 con poca o ninguna experiencia en el ministerio. Si buscan a un pastor de máximo 40 años quieren que tenga entre 15 y 20 años de experiencia

pastoral. Este criterio habría hecho imposible que el gran y poderoso apóstol Pablo fuera considerado como buen candidato al ministerio cristiano).

- *Pablo no hizo su primer viaje misionero antes de cumplir 45 años.* (Muchas iglesias envían obreros al campo misionero tan pronto se gradúan de la escuela bíblica y mucho antes de que cumplan 30 años. Muy rara vez se envía a un hombre mayor de 40 años al campo misionero. Erramos al suponer que con su edad es muy poco lo que podría hacer, en lugar de preguntarnos: ¿Quién es más maduro, un hombre menor de 25 años o uno mayor de 40?)
- *Pablo no escribió su primer libro de la Biblia hasta cumplir sus 49 años.* (Esto tuvo lugar 15 años después de su conversión. Esos 15 años dieron a Pablo tiempo para madurar en su fe así como para tener algo importante que decir). A propósito de adversidad, muchas de las epístolas de Pablo fueron escritas durante su tiempo en prisión y encadenado a un soldado romano.
- *Pablo no evadió las penalidades y la persecución.* Sus viajes misioneros de miles de kilómetros fueron casi siempre a pie o en veleros incómodos del primer siglo. El apóstol también admitió que fue azotado y que estuvo a punto de morir en más de una ocasión. Fue encarcelado, golpeado y apedreado, recibió 39 latigazos en 5 ocasiones y estuvo en un naufragio que casi le cuesta la vida, sin mencionar que nunca poseyó una vivienda permanente (2 Co. 11:23-27). (La mayoría de los cristianos que cumplen 40 años tienen dificultad para recorrer 4 km a pie, esperan con ansiedad su jubilación y definen *penalidad* como tener que esperar media hora por una mesa en su restaurante favorito.)

A pesar de un comienzo tardío en la vida cristiana y de todas las penurias físicas que soportó, ¡Pablo tuvo gran influencia! La influencia de Pablo *empezó* en una etapa de la vida en que la mayoría de los hombres empiezan a bajar el ritmo. Este es un gran reto para los que ya nos acercamos a esa edad alarmante, ¡los cuarenta! Esta es una lección tangible de Pablo que resuena a través de los siglos para usted y yo: *nunca es demasiado tarde para servir a Dios.* No importa cuán difíciles sean nuestras circunstancias, Dios todavía puede usarnos.

## El patrón de su vida

Confío en que este perfil de "Pablo de Tarso" le haya animado. (Yo sé que me anima mucho a mí.) Cualquiera que sea su situación, las adversidades que experimenta o la cantidad de "reveses" y "golpazos" en su contra, con la ayuda de Dios el mejor tiempo de su vida y su más grande influencia todavía está por venir. Dios nos demuestra con la vida de Pablo que la adversidad es el huerto que Él utiliza con frecuencia para cultivar a sus hombres de influencia.

¿Ya ha empezado a ver por qué la vida y el ministerio de Pablo son algo único e inspirador? Ya hemos sido retados por la vida de este hombre ¡y apenas comenzamos el recorrido! Estoy seguro de que usted tiene tanta curiosidad como yo para averiguar qué ponía a este hombre en movimiento. No se preocupe, tarde o temprano llegaremos a ese punto. Encontraremos las respuestas y también descubriremos qué puso en movimiento a otros grandes hombres de influencia.

Sin embargo, antes de empezar hablemos un poco de usted. Si alguien tuviera que elaborar a manera de crónica un perfil de su vida, ¿qué vería en usted? ¿Existen contradicciones de algún tipo? ¿Desconexiones perceptibles entre palabras y hechos, una que otra "interferencia en la pantalla"? ¿Encontraría algún "revés" en su hoja de vida? ¿Quizá una larga lista de sufrimientos y adversidades? ¿Acaso su fecha de nacimiento revela que el tiempo se agota, que no quedan muchos años y usted apenas empieza a aflorar?

Si usted es como yo, el patrón de su vida parece un poco abrupto, ¡pero no se desanime! Usted y yo estamos muy bien acompañados, nada más y nada menos que por el mismísimo apóstol Pablo. Con Dios todo es posible (Mt. 19:26). *Él* puede transformarle en un hombre de influencia, ¡un hombre cuya vida tendrá un efecto perdurable en los demás y en el mundo!

*No es tonto el que da lo que no puede conservar*
*para ganar lo que no puede perder.*[7]
–Jim Elliot

2

# Primer paso hacia la influencia

*Si alguno está en Cristo, nueva criatura es;*
*las cosas viejas pasaron; he aquí todas son hechas nuevas.*
—2 Corintios 5:17

La vida está llena de sorpresas, y por lo general no estamos preparados para recibirlas. Usted y yo nunca sabemos al levantarnos de la cama cada mañana qué sucesos en el transcurso del día tendrán un efecto marcado en nosotros, ¿no es así? Tan pronto nos atropellan las sorpresas, casi siempre preguntamos: "¿Y aquí qué pasó?"

Usted no está solo en lo que se refiere al encuentro diario con lo inesperado. El apóstol Pablo también experimentó muchas sorpresas, y una de ellas cambió su vida por completo. En un minuto Pablo se desplazaba en cierta dirección y al minuto siguiente su vida empezó a moverse en la dirección opuesta.

Esto hace que nos preguntemos: "¿Qué pasó ahí?"

Pablo era un hombre brillante que aspiraba a convertirse en un gran líder religioso de la nación judía. Tenía un intelecto impresionante y había sido educado por Gamaliel, el gran líder y pensador judío (Hch. 22:3). Sí, el prometedor joven Pablo estaba destinado a dejar una gran huella en el judaísmo, pero a su vida llegó un cambio radical que no esperaba. ¿Cuál fue?

## Un encuentro dramático

Antes de ver cuál fue la sorpresa, consideremos las cosas que condujeron a ella. ¿Qué se proponía hacer Pablo (llamado Saulo en los versículos citados) en ese momento?

En la Biblia, la primera presentación que tenemos de Pablo se encuentra en Hechos capítulo 9. Allí leemos lo siguiente: "Saulo, respirando aún amenazas y muerte contra los discípulos del Señor...". Acudió incluso al sumo sacerdote en Jerusalén y le solicitó cartas dirigidas a las sinagogas en Damasco. ¿Para qué eran las cartas? Para que Pablo pudiera llevarse a todos los cristianos, hombres y mujeres por igual, como prisioneros a Jerusalén (Hch. 9:1-2).

Esa es la escena: Pablo iba en su camino de Jerusalén a Damasco, la capital antigua de Siria que quedaba unos 160 km hacia el norte. Pablo y sus "secuaces" estaban a punto de entrar a Damasco, solo les faltaba un día de recorrido. Pablo estaba ansioso de llegar a la ciudad para encargarse de un grupo de personas a quienes consideraba herejes y una amenaza a le fe judía.

Por supuesto, Dios tenía otros planes para Pablo, el "ajusticiador" predilecto del sumo sacerdote. Mientras se acercaba a Damasco, una luz que venía del cielo resplandeció de repente a su alrededor. Cayó al suelo y oyó una voz que le decía: "Saulo, Saulo, ¿por qué me persigues?"

"¿Quién eres, Señor?" —preguntó Pablo.

"Yo soy Jesús, a quien tú persigues —contestó la voz—. Levántate y entra en la ciudad, y se te dirá lo que debes hacer" (Hch. 9:3-6).

Sobra decir que este encuentro dramático afectó la vida de Pablo. De hecho, ¡él nunca volvió a ser el mismo! Pablo vio, oyó y entendió la voz del Señor. El resto de su séquito vio la luz resplandeciente y oyó algo, pero ninguno de ellos entendió la voz (Hch. 22:9). ¿Cómo podemos explicar algo así? No podemos, y tampoco pudo hacerlo Pablo, quien en los años siguientes trató de comprender y escribir acerca de la obra soberana de Dios en su vida. Solo pudo llegar a esta conclusión: "¡Oh profundidad de las riquezas de la sabiduría y de la ciencia de Dios! ¡Cuán insondables son sus juicios, e inescrutables sus caminos!" (Ro. 11:33).

## Una transformación sensacional

En algún punto en el camino a Damasco, de alguna forma y en algún instante que nadie podría determinar, Pablo fue salvado. Fue convertido él mismo en uno de los que se había propuesto perseguir: un cristiano. La conversión de Pablo fue dramática, pero el momento exacto de su salvación no puede distinguirse. Quizás sucedió...

...al escuchar la voz del Señor,

...mientras permaneció tendido en el suelo,

...tan pronto perdió la vista,

...al conversar con Cristo, o

...durante sus tres días de oración y ayuno mientras esperaba recibir dirección de Dios.

Como haya sido, la vida de Pablo tuvo un cambio tan drástico que todos lo notaron. Usted notará en los versículos a continuación que la gente tuvo dificultad para entender la transformación de Pablo de perseguidor de los cristianos a predicador de Cristo:

> Mas antes, oh hombre, ¿quién eres tú, para que alterques con Dios? ¿Dirá el vaso de barro al que lo formó: ¿Por qué me has hecho así? ¿O no tiene potestad el alfarero sobre el barro, para hacer de la misma masa un vaso para honra y otro para deshonra? (Hch. 9:20-21).

Querido lector, nosotros al lado de la gente de Damasco acabamos de presenciar un vuelco sensacional en la vida de Pablo. Ya que conocemos su pasado, nos deja pasmados el cambio dramático que le sobrevino. Pablo pasó de matar cristianos a llevar gente a Cristo. ¡Qué transformación tan completa y absoluta!

Sí, amigo mío, antes de ese momento Pablo había tenido cierta influencia en su mundo, pero esta era negativa porque iba en la dirección equivocada.

### *La dirección de su influencia*

Antes de continuar, hagamos una pausa para responder esta pregunta: ¿Cuál es la dirección de su influencia? A medida que avanzamos en este libro sobre la influencia de un hombre de Dios, yo le recordaré con cierta frecuencia que examine la dirección de su influencia. Su influencia nunca es neutral, usted siempre tiene un efecto positivo o negativo sobre los demás. En todas sus relaciones personales, como lo declara el siguiente poema, usted contribuye a orientar o descarriar a los demás. La decisión es suya.

***Las cosas que hago***

Las cosas que hago
y las cosas que digo,
llevarán a alguien en la dirección
correcta o en la errónea.
Por eso las cosas que hago deberían
ser las mejores
y las cosas que digo
para todos bendiciones.[8]

### *La naturaleza dramática de su conversión*

Los acontecimientos que rodearon la conversión de Pablo fueron extraordinarios en todo el sentido de la palabra. Dios utilizó un suceso milagroso para cambiar la dirección de la vida de Pablo. Fue tan radical que el doctor Charles Swindoll tituló uno de sus capítulos sobre la vida de Pablo: "Captura violenta de la voluntad de un rebelde".[9]

No conozco su caso, pero mi conversión a la edad tierna de seis años no tuvo el drama asociado con la experiencia de Pablo. Si usted hubiera estado allí, no describiría mi conversión como "la captura violenta de la voluntad de un rebelde". Tan solo se trataba de un niño que necesitaba un Salvador y que fue favorecido con una madre fiel que le presentó ese Salvador en la mesa de su casa, durante la hora de descanso y almuerzo de su escuela.

En algunas ocasiones oímos testimonios espectaculares sobre la conversión gloriosa y dramática de personas perdidas que se habían hundido en el pecado. No obstante, es probable que usted haya tenido como yo, una conversión que *pareció ser* (esta es la clave) un acontecimiento mucho menos sensacional.

Es cierto que una conversión "ordinaria" puede parecer un suceso corriente en el plano *humano*, pero mi amigo, en el plano *espiritual* su conversión y la mía están lejos de ser algo ordinario y corriente. Yo, al igual que Pablo, fui un rebelde (¡así tuviera apenas seis años de edad!). Lo mismo podemos decir de usted. El hecho de convertirnos o ser creados de nuevo (2 Co. 5:17), es un acontecimiento increíble y dramático que se puede comparar con el acto divino de la creación del mundo. Además, nuestra conversión resulta tan dinámica como la de cualquier otro creyente si consideramos estas verdades tremendas:

- Estuvimos muertos en nuestros delitos y pecados (Ef. 2:1).
- Fuimos hijos de desobediencia y rebeldes (Ef. 2:2).
- Éramos hijos de ira (Ef. 2:3).
- Estábamos separados de Cristo (Ef. 2:12).
- Estábamos sin esperanza y sin Dios en el mundo (Ef. 2:12).

Nos encontrábamos en una situación bastante deplorable. Insisto en esto, ¡todos éramos rebeldes! Estábamos separados de Dios en esta tierra, y morir en esa condición significa separación eterna de Dios. Encima de todo, *¡ni siquiera nos importaba!*

## Una intervención divina

"Pero Dios..." (Ef. 2:4).

¡Qué declaración tan impresionante! *Dios* inició un rescate. Pablo iba camino a Damasco (¡y al infierno!) porque se había convencido de que hacía la voluntad de Dios...

"Pero Dios...".

Antes de la salvación nosotros también íbamos de paso por la vida y esperábamos, como Pablo, que de alguna manera nuestras obras "buenas", "justas" o "religiosas" pudieran hacernos acreedores a una entrada segura al cielo. La salvación no funciona de ese modo. La fórmula *humana* requiere que el hombre tome la iniciativa para efectuar su propia salvación. Por otro lado, esta es la fórmula *divina*: "Pero Dios..." Léalo usted mismo.

> *Pero Dios,* que es rico en *misericordia*, por su gran amor con que nos amó, aun estando nosotros muertos en pecados, nos dio vida juntamente con Cristo (por *gracia* sois salvos). (Ef. 2:4-5)

La misericordia de Dios y la gracia de Dios intervinieron en la vida de Pablo. Amigo mío, la misericordia de Dios y la gracia de Dios también intervinieron en su vida si usted ha confiado en Cristo como su Señor y Salvador.

Detengámonos a considerar esto: ¿Qué significa el hecho de que la misericordia y la gracia de Dios hayan intervenido a favor nuestro? Recuerde que usted y yo éramos enemigos de Dios (Ro. 5:10), al igual que Pablo.

Pero Dios...

- nos libró de la potestad de las tinieblas (Col. 1:13),
- nos trasladó al reino de su amado Hijo (Col. 1:13),
- nos salvó por la fe (Ef. 2:8),

- perdonó nuestros pecados (Col. 1:14),
- nos dio vida juntamente con Cristo (Ef. 2:5),
- nos hizo sentar en los lugares celestiales con Cristo Jesús (Ef. 2:6), y
- nos selló con el Espíritu Santo (2 Co. 1:22).

Todo lo que podemos decir, al lado del escritor de himnos es: "Aleluya, ¡qué Salvador más grande!"[10]

Ahora mi amigo, la próxima vez que escuche acerca de la "conversión dramática" de alguien o que lea sobre una experiencia extraordinaria de salvación como la de Pablo, recuerde esto: Usted también tuvo una conversión dramática. Recuerde que el pago de Cristo por el pecado fue tan grande por usted como lo fue por Pablo, el rebelde consumado o cualquier otra persona que ponga su fe en el resucitado Señor Jesucristo. ¡*Cada* conversión es dramática! Bien sea que usted fuera un rebelde como Pablo o un hijo dócil como Timoteo el asociado de Pablo (2 Ti. 1:5), o un guardia encallecido como el carcelero de Filipos (Hch. 16:29), ¡*cada* conversión es dramática!

## El primer paso hacia una vida de influencia

Se me acaba de ocurrir que tal vez me haya adelantado demasiado. Quizá usted todavía no ha experimentado la gracia y la misericordia de Dios en su vida. Es posible que no le haya recibido como su Señor y Salvador. En ese caso, usted puede dar ahora mismo el primer paso hacia una vida de influencia, el mismo paso que Pablo tuvo que dar y tan solo con pronunciar de todo corazón una oración como esta:

> Jesús, sé que soy un pecador, pero quiero arrepentirme de mis pecados y apartarme de ellos

> para seguirte. Creo que tú moriste por mis pecados y resucitaste victorioso sobre el poder del pecado y la muerte. Yo quiero aceptarte como mi Salvador personal. Ven a mi vida, Señor Jesús, y ayúdame a obedecerte de hoy en adelante.

*Es verdad, ¡abrir su corazón a Jesucristo es el primer paso a una vida de influencia!* Bien sea que haya dado este paso ahora mismo o en algún momento en el pasado, tener a Jesucristo como la fuerza motriz en su vida asegurará que usted tenga una influencia positiva en todos los que tengan contacto con usted.

Volvamos ahora al tema que dejamos atrás. El gran Pablo, perseguidor consumado de los cristianos, había sido convertido en un creyente verdadero. Pablo era una "nueva criatura". ¡Su pasado quedó atrás y se volvió historia! Había recibido una segunda oportunidad y tenía por delante su nueva vida en Cristo. Sin duda alguna, como la Biblia lo explica, todas las cosas viejas pasaron y dieron lugar a las cosas nuevas (2 Co. 5:17).

Debemos detenernos aquí para insistir en lo siguiente: La utilidad de Pablo para Dios empezó con su salvación. Todo elemento piadoso y verdadero en la vida de Pablo y toda cualidad real de rectitud y justicia tuvo inicio aquel día en el camino a Damasco. Es allí donde también empieza todo con usted y conmigo.

Usted y yo no podemos tener una influencia piadosa y justa por nuestro propio esfuerzo humano, y no podemos tener una influencia piadosa y justa sin primero tener un encuentro con el Salvador y someternos a su influencia. Sé que repito bastante mis ideas, pero esto se debe a la importancia vital de esta cuestión: ¿Ha tenido usted, mi nuevo amigo, un encuentro con Jesucristo el Salvador y Señor resucitado? ¿Le ha dado Él a usted un nuevo comienzo? Si usted quiere una vida de influencia, una vida vivida para la gloria de Dios, usted debe empezar esa vida con Jesús.

La vida influyente de Pablo empezó con su encuentro cara a cara con el Maestro en aquel camino polvoriento a Damasco. Desde ese punto en adelante, la vida de Pablo nunca fue la misma. Asimismo, ningún hombre que se encuentra con Jesús sigue siendo el mismo. Usted también debe encontrarse con el Maestro cara a cara. Ese es el primer paso hacia una vida de influencia. Mientras usted lee el testimonio poético en la página siguiente, pregúntese si ya ha tenido su encuentro con el Maestro.

Recorrí el sendero de la vida con paso ligero,
viajé a dondequiera que llevasen el placer y la comodidad.
Hasta que un día en un lugar solitario y silencioso
me encontré con el Maestro cara a cara.

Tenía por meta el rango y la riqueza,
mucho me preocupé por mi cuerpo y nada por mi alma,
la carrera loca de la vida había emprendido
cuando encontré al Maestro cara a cara.

Erigí mis castillos bien en alto
hasta que sus torres perforaran el cielo azul.
Juré que reinaría con mano de hierro,
hasta que me encontré con el Maestro cara a cara.

Le encontré, le conocí y me ruboricé al ver
que sus ojos llenos de tristeza estaban fijados en mí.
Me desplomé y caí a sus pies ese día
mientras mis castillos se desmoronaban y desvanecían.
Desmoronados y desvanecidos como les correspondía,
nada más pude ver yo sino el rostro del Maestro.

Mi preocupación es ahora por las mentes de los hombres,
he perdido mi vida para hallarla de nuevo.
Desde aquel día en un lugar solitario y silencioso,
cuando me encontré con el Maestro cara a cara.[11]

*La obediencia a la voluntad de Dios es el secreto del conocimiento y la sabiduría espiritual. Para tener certidumbre en esta vida no hay que estar dispuestos a conocer sino a hacer la voluntad de Dios.*

–Eric Liddell[12]

3

# Cómo vivir una vida de obediencia

*...no fui rebelde a la visión celestial.*
—Hechos 26:19

Imagine que estamos en el futuro. La vida es diferente. ¡*Muy* diferente! Usted ya no vive en una sociedad simpatizante o tan siquiera tolerante hacia los cristianos. La persecución y humillación de los creyentes en Cristo es algo rutinario. El cristianismo está bajo el ataque constante de las fuerzas del mal. La fe cristiana lucha por sobrevivir, y allí está usted en su casa, ocupado en sus propios asuntos y tratando de mantener un bajo perfil. Está en una silla cómoda y lee un libro, puede ser incluso su Biblia, mientras medita en la manera como Dios le ha protegido a usted y su familia hasta este momento.

De repente se oye que alguien toca la puerta, o el teléfono suena. Es alguien a quien usted respeta mucho, como su pastor. Le ha contactado para pedirle lo impensable, lo imposible: que busque al hombre responsable de toda la persecución cruenta que ha tenido lugar a su alrededor. Sí, ¡usted tiene la responsabilidad de llevar a ese hombre un mensaje de Dios, y este hombre de verdad *aborrece* a los cristianos!

Hombre cristiano, bien sea que usted lo sepa o no, acaba de ser sometido a la prueba de fuego de su obediencia a Dios. ¿Cómo responderá?

Más adelante volveremos a este escenario. Mientras tanto, tenga presente esa pregunta a medida que consideramos lo que se requiere para ser un hombre de influencia.

## Obedecer o no obedecer...

...esa es la pregunta que cada hombre debe responder en su propia vida, tanto usted y yo como el hombre cuyas anécdotas incluyo a continuación. Antes me gustaría contarle cómo la contestaron algunos hombres en la Biblia.

*Pablo.* Ya fuimos testigos de la experiencia de Pablo en el camino a Damasco, ¡pero hay más todavía! Cegado y postrado en el suelo, las primeras palabras de Pablo a su nuevo Maestro fueron: "¿Qué haré, Señor?" (Hch. 22:10). Estas son las primeras órdenes que Pablo recibió de su Maestro: "Levántate y entra en la ciudad, y se te dirá lo que debes hacer" (Hch. 9:6). Pablo tuvo que decidir entre obedecer y no obedecer. Esa fue la cuestión.

Al catalogar las cualidades que hicieron de la vida de Pablo un instrumento tan poderoso en las manos de Dios, debemos incluir la obediencia al principio de esa lista. La obediencia fue una parte esencial del perfil personal de Pablo, y su vida tuvo poder e influencia porque fue una vida de obediencia.

¿Cuánto tiempo fue Pablo obediente a su Salvador? ¿Un día? ¿Una semana? ¿Un mes? ¿Un año entero? Respuesta: Un hombre de influencia es un hombre de Dios que obedece sin cuestionar, sin vacilar y sin mirar el precio, durante toda su vida. Treinta años después que Pablo se convirtió en cristiano, él declaró con denuedo mientras era juzgado por su fe: "no fui rebelde a la visión celestial" (Hch. 26:19). En otras palabras, desde el día o incluso desde el mismo instante en que Pablo experimentó su encuentro sobrenatural y milagroso con Cristo, él había cumplido todo lo que Dios le había pedido hacer.

Quizá usted piense: *El ejemplo de Pablo es demasiado elevado para mí, nunca podré ser esa clase de hombre. De hecho, mi vida está muy lejos de donde necesita estar ahora.* Pues bien amigo mío, usted no está solo. Al ver la vida de Pablo yo también me doy cuenta de la gran distancia que me falta por recorrer. No obstante, lo cierto es que tanto usted como yo necesitamos empezar por algún lado, así que empecemos por responder esta pregunta simple aunque profunda:

¿Existen áreas de desobediencia en su vida que requieren de atención inmediata? En ese caso, ¡le ruego que abandone esa práctica! ¡Entregue esa área a Dios! Deshágase y desentiéndase de ello. Prosiga con su vida para realizar toda la potencialidad de su vida como un hombre cristiano y viva para ser una influencia constructiva en los demás.

Quizás usted se haya dado unas "vacaciones espirituales" o haya estado lejos del Señor por un tiempo. Tal vez su agenda de compromisos con Dios no se ha cumplido como a usted le habría gustado, pero no se dé por vencido. Nunca es demasiado tarde. Las manos de Dios siempre están extendidas a sus hijos (Ro. 10:21) y dispuestas a ayudarles.

*Otros*. La obediencia no solo caracterizó la vida de Pablo. La Biblia contiene ejemplos numerosos de hombres que tuvieron influencia porque acataron el llamado de Dios a la obediencia, incluso en medio de circunstancias que parecían imposibles. Por ejemplo:

- Abraham recibió la petición divina de sacrificar a su propio hijo (Gn. 22:2), y Abraham obedeció a Dios.
- Moisés recibió la orden de confrontar a Faraón y dirigir al pueblo de Dios para sacarlo de Egipto (Éx. 3:10), y Moisés obedeció a Dios.
- Daniel recibió amenazas para que dejara de adorar a Dios, de lo contrario sería arrojado al foso de los leones (Dn. 6:8-10), y Daniel prefirió obedecer a Dios.

Todos estos hombres tuvieron dos cosas en común. En primer lugar, fueron obedientes en medio de situaciones que parecían imposibles, y en segundo lugar, su obediencia les capacitó para llevar vidas poderosas e influyentes. Tan solo considere estos aspectos de su influencia:

- El hijo de Abraham fue librado y Abraham fue bendecido en gran manera por Dios. Fue conocido como un gran líder en su tiempo, y sus descendientes se convirtieron en la gran nación de Israel. Dios dijo a Abraham: "En tu simiente [Jesús] serán benditas todas las naciones de la tierra", y la Biblia dice en seguida por qué fue así: "Por cuanto obedeciste a mi voz" (Gn. 22:18).
- La obediencia de Moisés le calificó para encabezar la nación de Israel en su salida de Egipto y al entrar en la tierra prometida. Dios pronunció este tributo acerca de Moisés: "Mi siervo Moisés, que es fiel en toda mi casa" (Nm. 12:7).
- Daniel fue arrojado al foso de los leones, pero Dios intervino para cerrar las bocas de los leones. El rey de Daniel glorificó a Dios en público como resultado de milagro, y Daniel disfrutó en adelante de un gran éxito como líder y hombre de influencia (Dn. 6:28), además recibió múltiples visiones acerca del futuro como resultado de su vida de obediencia.

Amado amigo, a cada uno de estos hombres Dios le pidió que hiciera algo. En una palabra, a Pablo se le pidió *levantarse*, a Abraham *renunciar*, a Moisés *expresarse* y a Daniel *erguirse*. ¿Ha pedido Dios su obediencia en alguna de estas formas? ¿Le pide ahora mismo que se *levante* de su silla más cómoda para que tenga un papel más activo en la vida de su familia o su iglesia? ¿Hay algo a lo que Dios le haya pedido que *renuncie*, algo que usted quiere y le gusta que es un obstáculo entre usted y la obediencia y el servicio completos a Dios? ¿Hay alguna persona con quien deba hablar, o algún asunto sobre el cual usted deba *expresarse* para dar testimonio sobre las cosas de Dios? ¿Existe alguna práctica en su familia o en el trabajo contra la cual usted deba pronunciarse y *erguirse* en oposición firme? Usted y yo nos sumamos a las filas de los hombres grandes de la Biblia tan pronto seguimos a Dios en obediencia.

*Ananías.* Hay un ejemplo más de obediencia que no podemos pasar por alto. Fue un hombre como usted y como yo. Si le resulta difícil identificarse con Pablo, Abraham, Moisés y Daniel, ¡este es el hombre para usted! Es la historia de un hombre ordinario y sin importancia (según el criterio de muchos), un hombre a quien Dios pidió que hiciera lo imposible (por lo menos así parecía). Es probable que la mayoría de la gente nunca haya oído sobre él. Su nombre fue Ananías.

Ananías es un ejemplo clásico de un hombre que demostró ser obediente en medio de una situación difícil. Los detalles de su obediencia se han entretejido en la historia de la conversión de Pablo. De hecho, la obediencia de Ananías fue parte de la historia.

Ananías fue un creyente judío que vivía en Damasco. Sin importar qué razones tuviera él para estar en Damasco, Dios tenía *sus* propias razones. Fue allí donde Ananías recibió la prueba más grande de su vida y de su fe. Una prueba que se parece bastante a la prueba imaginaria que asigné a usted al comienzo de este capítulo.

¿Recuerda la historia ficticia con que empecé este capítulo, acerca del mensaje de parte de Dios a una persona que aborrece el cristianismo? Le pregunté cómo respondería usted, ya que sabemos cómo respondieron Pablo, Abraham, Moisés y Daniel a situaciones difíciles: ¡ellos habrían obedecido al instante! ¿Qué podríamos decir de Ananías? Veamos cómo respondió este discípulo receloso.

> Había entonces en Damasco un discípulo llamado Ananías, a quien el Señor dijo en visión: Ananías. Y él respondió: Heme aquí, Señor. Y el Señor le dijo: Levántate, y vé a la calle que se llama Derecha, y busca en casa de Judas a uno llamado Saulo, de Tarso; porque he aquí, él ora, y ha visto en visión a un varón llamado Ananías, que entra y le pone las manos encima para que recobre la vista (Hch. 9:10-12).

Ananías hizo lo que quizá usted y yo habríamos hecho en nuestra situación imaginaria al comienzo de este capítulo: Trató de evitar la obediencia con excusas razonables.

*Señor, es que tú no entiendes.*

Preste atención al diálogo entre el Señor y Ananías y trate de ponerse en las sandalias de Ananías.

> Entonces Ananías respondió: Señor, he oído de muchos acerca de este hombre, cuántos males ha hecho a tus santos en Jerusalén; y aun aquí tiene autoridad de los principales sacerdotes para prender a todos los que invocan tu nombre (Hch. 9:13-14).

Ahora bien, usted y yo sabemos que el Señor no necesitaba ser aleccionado y tampoco requirió que le recordaran qué clase de hombre había sido Pablo. Su mandato a Ananías fue patente y directo: "vé". Era imposible que Ananías entendiera mal esa orden divina porque no pudo ser más clara, y Ananías tenía que decidir entre obedecer y no obedecer. ¡Volvemos a toparnos con esta pregunta clave! ¿Estaría dispuesto a obedecer a Dios e ir a pesar de lo que sabía acerca de Pablo? ¿O decidiría desobedecer al Señor?

Lucas el escritor del libro de Hechos no usa palabras de más para describir lo que sucede a continuación: "Fue entonces Ananías" (Hch. 9:17). Como afirma el dicho: ¡El resto es historia! En términos humanos, la obediencia de este hombre sencillo llamado Ananías empezó una reacción en cadena de sucesos que marcaron al mundo y la expansión de la iglesia hasta hoy. La influencia particular de este hombre que al parecer carecía de importancia, empezó con su disposición a obedecer. Su obediencia le convirtió en una fuerza definitiva e influyente en la historia eclesiástica.

Ananías se convirtió en un hombre de gran influencia porque fue obediente en las cosas pequeñas. Su influencia creció un paso a la vez, y esto es lo que podemos aprender hoy de su ejemplo:

- *Estuvo disponible.* Tan pronto le llamó el Señor, Ananías dijo "heme aquí".
- *Estuvo dispuesto.* Tan pronto recibió las instrucciones del Señor, Ananías emprendió camino a pesar de sus reservas.
- *Estuvo preparado.* Tan pronto le fue planteado el reto, Ananías prosiguió y se dispuso a aceptar las consecuencias de su obediencia. Sabía que Pablo podía hacerle daño, pero obedeció el llamado de Dios para ir a ver a Pablo.
- *Estuvo a la expectativa.* Al salir por voluntad propia para

encontrarse con Pablo, Ananías no solo estuvo preparado para las consecuencias sino que también fue con plena confianza y esperó que Dios obrara por medio de su obediencia: "El Señor Jesús... me ha enviado para que recibas la vista" (Hch. 9:17).

*Usted.* Sé que en este capítulo he hablado bastante sobre usted y su obediencia, y tal vez piense: *No estoy a la altura de hombres como Abraham y Pablo.* Lo cierto es que debemos reconocer que estos "héroes" de la fe solo fueron hombres comunes y corrientes como usted y yo. Sin embargo, su obediencia les dio una fortaleza extraordinaria para la gloria de Dios. No sé usted, pero ejemplos como estos me motivan a evaluar de nuevo mi propia obediencia. ¿Me ha pedido Dios hacer algo que parece imposible? ¿Vacilo por esa razón en el área definitiva de la obediencia, de tal forma que no estoy disponible, dispuesto, preparado y a la expectativa?

## El poder de la obediencia

Nunca habrá otro apóstol Pablo, ya que sus logros fueron casi incontables. Líderes como Abraham, Moisés y Daniel son por igual escasos, pero usted y yo podríamos ser otro Ananías. Todo lo que se requiere es el deseo de obedecer con fidelidad los mandatos de las Escrituras a medida que se presentan en nuestra vida. Tal vez vacilemos en ciertas ocasiones, como lo hizo Ananías, pero si en últimas somos fieles en seguir los mandatos de Dios, nosotros también podremos tener un efecto poderoso y duradero en quienes nos rodean.

Como seguidores de Cristo, la pregunta que usted y yo debemos responder es bastante sencilla: *¿obedecer o no obedecer?* Al estudiar en este libro los perfiles de grandes hombres de Dios, observaremos una y otra vez que la obediencia fue el patrón constante de su vida, un hábito bastante obvio y también el secreto que hizo de ellos hombres de influencia y cambio duradero.

¿Adónde nos conduce una vida de obediencia? Continúe su lectura en el siguiente capítulo y verá de qué modo la obediencia puede conducirnos por un sendero de gozo y descubrimiento.

*¿Sabe usted cuál es el postre de la obediencia? Yo creo que una de las razones más poderosas que nos motiva a ser obedientes es el hecho de que la obediencia produce una vida poderosa y confiada. Si usted y yo somos obedientes y nos dejamos guiar por Dios en medio de lo inesperado, tendremos una confianza basada en el hecho de que sabemos con certeza que nos encontramos en el lugar exacto donde Dios quiere que estemos. ¡Tendremos gozo sin par al saber que estamos en el centro de la voluntad de Dios!*

–Jim George

4

# SIGA POR EL SENDERO DE LA OBEDIENCIA

*Cuando vio la visión,*
*en seguida procuramos partir para Macedonia,*
*dando por cierto que Dios nos llamaba*
*para que les anunciásemos el evangelio.*
—HECHOS 16:10

Mi pequeño nieto Jacob de cuatro años es un gran aficionado al personaje de caricatura que se conoce con el nombre de "Bob el constructor". Jacob tiene un casco de Bob el constructor, una camiseta de Bob el constructor y un juego interactivo de computadora en que él y Bob construyen algo juntos. A los hombres nos empieza a gustar desde muy temprana edad todo lo relacionado con la construcción, ¿no es así? Construimos toda clase de cosas. Construimos casas y muebles, también construimos carreras, empresas y recursos financieros. Todo el tiempo nos dedicamos a la construcción de una u otra cosa.

No obstante, como hemos aprendido en este libro, existe algo mucho más importante en lo que debemos interesarnos que la construcción típica. Me refiero a la construcción de una vida de influencia. Confío en que a medida que usted lee, ha prestado mucha atención a los secretos para construir una vida de influencia y efecto duraderos.

Hasta ahora hemos visto que la influencia verdadera empieza con un fundamento firme en Jesucristo. Ningún hombre puede tener influencia perdurable sin dar este primer y esencial paso. En el capítulo anterior vimos que la influencia para gloria de Dios viene como resultado de erigir una vida espiritual saludable por medio de la obediencia a Dios. En este punto la estructura de su vida debería tener ya una forma definida. Ya es hora de erigir la estructura de su edificación, ¡pero el proceso de construcción apenas comienza! Cambiemos ahora de metáfora para continuar nuestro recorrido y miremos a dónde conduce el sendero de la obediencia.

## El sendero de la obediencia

Estoy seguro de que ya sabe qué influencia tan poderosa ha tenido la vida de Pablo en mí y muchos otros (¡espero que también en usted!) Debo pedirle ahora que observe de nuevo el patrón de obediencia de Pablo mientras determinamos qué se requiere para convertirse en un hombre de influencia. Sigamos a Pablo en su camino pero vamos a adelantarnos unos 20 años después de su paso por el camino a Damasco en Siria. En esta ocasión le acompañamos por un sendero polvoriento ubicado en una región que en la actualidad corresponde al centro y norte de Turquía. Pablo se encuentra allí porque no ha dejado de obedecer los mandatos de su Señor para llevar el mensaje del evangelio a los gentiles.

Ahora Pablo tiene unos 55 años de edad, y se encuentra casi a la mitad del segundo de sus tres prolongados y difíciles viajes misioneros. La obediencia de Pablo ha tenido un alto precio. El apóstol ha sido azotado muchas veces, y asido apedreado y dejado por muerto, y ha sido encarcelado en muchas de las poblaciones donde ha predicado. Sin embargo, Pablo continúa y no deja de seguir por el sendero de la obediencia. ¿A qué lugar conduce el sendero de la obediencia que es uno de los menos recorridos?

Para descubrir las respuestas emocionantes a esa pregunta quiero que usted haga dos cosas. En primer lugar, lea el pasaje bíblico que incluyo a continuación. En seguida, siga los pasos de Pablo a través de los versículos para ver a dónde le lleva el sendero de la obediencia, y no solo a él sino también a usted y a mí.

> Y atravesando Frigia y la provincia de Galacia, les fue prohibido por el Espíritu Santo hablar la palabra en Asia; y cuando llegaron a Misia, intentaron ir a Bitinia, pero el Espíritu no se los permitió. Y pasando junto a Misia, descendieron a Troas. Y se le mostró a Pablo una visión de noche: un varón macedonio estaba en pie, rogándole y diciendo: Pasa a Macedonia y ayúdanos. Cuando vio la visión, en seguida procuramos partir para Macedonia, dando por cierto que Dios nos llamaba para que les anunciásemos el evangelio (Hch. 16:6-10).

*La obediencia lleva muchas veces a lo inesperado.* No sabemos cómo se comunicaba Dios con Pablo y su equipo misionero, pero sabemos que "les fue prohibido por el Espíritu Santo hablar la palabra en Asia", y que "el Espíritu no se los permitió" (vv. 6-7).

Como resultado de las prohibiciones de Dios, Pablo y sus acompañantes fieles en el ministerio fueron apartados de su destino propuesto en la región norte de Galacia y guiados en cambio hacia Troas, una ciudad al occidente. Esperaban ir al norte pero terminaron yendo al oeste.

Algo similar sucedió a mi amigo Martín. A propósito, Martín es el suegro de mi editor y amigo Steve Miller. Martín creía que Dios le había llamado a él y su familia a ministrar en Francia. Por ese motivo empezaron a aprender francés y prepararse para ir a Francia. Dios tenía otros planes. Martín esperaba ministrar en Francia, pero terminó usando su francés para ministrar a la gente de Montreal en el Canadá. Al ser obediente a Dios, experimentó lo inesperado.

¿Qué puede decirse en su caso? ¿Se siente temeroso porque Dios le mueve ahora mismo en una dirección no esperada? ¿Lo desconocido le hace titubear en el sendero de la obediencia? Cobre ánimo en su resolución y ande confiado junto a Dios. Camine como lo hizo el rey David, quien declaró: "Aunque ande en valle de sombra de muerte, no temeré mal alguno, porque tú estarás conmigo" (Sal. 23:4).

Como Pablo y su equipo, usted y yo no siempre sabemos a dónde nos llevará Dios, ¡así pensemos lo contrario! Muchas veces nuestra obediencia nos llevará a lo inesperado y eso está bien, porque es justo lo que Dios quiere para nosotros en el momento. *Muchas veces el centro de la voluntad de Dios yace en lo inesperado.*

*La obediencia lleva con frecuencia a la claridad.* Como Pablo y sus hombres continuaron en su obediencia a la dirección de Dios, la voluntad y la dirección divina para sus vidas se hizo cada vez más clara y evidente. Fue como si Dios les dijera: "¡Por ahí no es, muchachos! No es en *esa* dirección, es *por aquí*". Los misioneros pensaron que iban a evangelizar las ciudades en el norte de Asia menor, pero su obediencia les permitió recibir direcciones claras para que salieran de Asia y más bien dieran testimonio a la gente de Macedonia (que se conoce en la actualidad como Grecia), una región del todo distinta hacia el occidente.

Si Pablo y sus hombres se hubieran detenido en cualquier punto del camino, es posible que no hubieran realizado el plan completo de Dios para sus vidas y ministerio. Considere otra vez el caso de mi amigo Martín. A medida que él siguió la dirección del Señor, el destino de su ministerio se aclaró cada vez más. Martín y su familia tuvieron una gran influencia en la gente de Montreal, ¿por qué? Porque Martín nunca dejó de acatar la dirección de Dios y permitió que Dios obrara y revelara su voluntad en el tiempo adecuado.

Esto ha sucedido en mi propia vida. Tras regresar con mi familia de un tiempo de servicio misionero en Singapur, llegué a una encrucijada. Según tenía pensado, debía buscar un ministerio de predicación desde algún púlpito. Por eso envié mi hoja de vida para aspirar a diversas posiciones pastorales. No obstante, fui tratado como un candidato opcional y siempre quedé en segundo lugar. Me sentía bastante frustrado y como pensaba que era lo que Dios me había llamado a hacer, me preguntaba por qué tenía que suceder eso una y otra vez. Luego un día, en medio de mi frustración (¿o debería decir, mi falta de confianza?), recibí una solicitud para que me uniera a la facultad de la prestigiosa escuela de teología *Talbot* en el sur de California.

En retrospectiva, puedo ver cómo me dirigió Dios a través de puertas "cerradas" y "abiertas". Él tenía un propósito para mí en *Talbot*, y esa oportunidad condujo a otras cosas. Incluso ahora puedo ver que Dios aclara todo el tiempo la dirección de mi vida a medida que soy obediente en seguir su voluntad. Para mi gran sorpresa, su poder siempre es más evidente si yo le permito de forma voluntaria y obediente que aclare el sendero que pone delante de mí.

¿Ya empezó usted a ver por qué la obediencia es una parte tan importante de vivir una vida de influencia? Usted y yo nunca conoceremos por completo la voluntad de Dios y el poder de Dios en nuestra vida sin la obediencia. *La obediencia clarifica la voluntad de Dios.*

*La obediencia nos dirige a medida que escuchamos.* Durante los años formativos del cristianismo, antes de que el Nuevo Testamento quedara consignado por escrito, Jesús se comunicaba con la iglesia naciente por medio de sueños y visiones. Ya fuimos testigos de ello al ver cómo Dios guió a Pablo y Ananías, y lo vemos aquí de nuevo. La Biblia no dice cómo se comunicó Dios con Pablo y su equipo, bien fuera a través de visiones, sueños o una voz, o quizás mediante un profeta como Agabo (Hch. 11:27-28). Lo que sí sabemos es que Pablo y sus asociados eran sensibles a la dirección del Espíritu y escucharon a Dios con actitud obediente. Deseaban la voluntad de Dios y la buscaban, por lo cual tan pronto llegó, ellos escucharon. Como resultado de ello, fueron guiados por Dios hasta que recibieron la dirección definitiva de Dios: La visión de un hombre de la región de Macedonia que les rogaba que acudieran a ese lugar.

## Las provisiones para la obediencia

Ahora la pregunta para usted y para mí es: ¿Cómo recibimos hoy *nuestra* dirección de Dios? Dios nos habla por medio de cuatro cosas:

*Mandatos* de la Palabra de Dios inspirada

*Consejeros* competentes y sabios

*Circunstancias* y condiciones cambiantes

*Nuestra conciencia* ayudada por el Espíritu Santo

Amigo, en una u otra ocasión Dios usa uno o todos estos medios para dar dirección a usted y a mí. En mi caso, Dios usó el consejo sabio de mi pastor y la guía de algunos amigos cercanos mientras luchaba para determinar si debía continuar la búsqueda de un ministerio de púlpito o aceptar un trabajo como profesor en el seminario.

Bien sea usted pastor, plomero, pintor, joven o viejo, un Pablo o un recién convertido, necesita preguntarse: ¿Escucho lo que Dios me dice a través de alguno de estos medios? Usted nunca conocerá la voluntad de Dios si no es sensible al Espíritu de Dios, lo cual le impedirá sintonizar la voz de Dios que puede transmitirse a través de alguna de estas vías diferentes. ¿Cómo puedo decir esto con tanta certidumbre? Porque usted...

- nunca podrá obedecer un *mandato* divino si nunca lo ha leído en la Biblia.
- nunca podrá obedecer *consejos* sabios que nunca haya pedido o aceptado.
- nunca podrá obedecer la dirección de Dios por medio de *cambios y circunstancias* si no está dispuesto a obedecer en medio de esos cambios y circunstancias.
- nunca podrá obedecer *la dirección del Espíritu* si no escucha con un corazón que esté dispuesto a obedecer.

La obediencia a la voluntad de Dios solo es posible si escuchamos cada vez que Dios nos habla por medio de alguno de estos cuatro medios de comunicación. *¿Escucha usted en este momento?*

*La obediencia nos lleva a tomar una decisión a la* vez. Pregunta:

¿Cómo llegó Pablo a ese punto en su vida en que divisaba el mar Egeo y anticipaba la incursión en un nuevo campo misionero? Respuesta: Llegó a ese punto tras realizar muchos actos de obediencia, uno tras otro. El sendero de obediencia de Pablo empezó en el camino a Damasco pero no terminó allí. Tan pronto Pablo pudo ver, fue obediente al ser bautizado pero no se detuvo allí. Tan pronto recuperó sus fuerzas empezó a predicar, y no se detuvo allí. Continuó sin parar y dio un paso a la vez sin interrupción, hasta que pudo reflexionar sobre sus más de 25 años de vida cristiana y declarar ante reyes: "no fui rebelde a la visión celestial" (Hch. 26:19).

Querido hermano, su influencia en la vida de los demás: su familia, la gente en su iglesia, sus compañeros de trabajo, etc., es cultivada con cada decisión de vida que usted toma. Son cosas pequeñas como leer su Biblia, orar, ir a la iglesia y defender su fe en el trabajo, las que añaden poder e influencia a su vida. Obedezca a Dios decisión por decisión y verá cuán lejos llegará. Recuerde siempre que *la clave de una vida cristiana poderosa es obediencia a la dirección de nuestro Señor, una decisión a la vez.*

*La obediencia conduce a una vida confiada.* Como ya hemos visto, Pablo y compañía por fin llegaron a Troas, donde recibieron la visión del hombre de Macedonia. Las palabras "en seguida procuramos partir para Macedonia" describen el anhelo del grupo para obedecer la dirección de Dios tan pronto entendieron el mandato específico (Hch. 16:10). Note que además de ser humildes para recibir instrucción y enseñanza, también demostraron tener un espíritu *confiado.*

Ahora viene el postre, lo que yo creo es una de las razones más poderosas que debería motivarnos a ser obedientes: La obediencia conduce a una vida poderosa y confiada. Si usted y yo somos obedientes y nos dejamos guiar por Dios en medio de lo inesperado, tendremos plena confianza basados en el hecho de que sabemos con certeza que nos encontramos en el lugar exacto donde Dios quiere que estemos. ¡Tendremos gozo sin par al saber que estamos en el centro de la voluntad de Dios! Así podremos dirigir e influenciar con confianza a otros como Pablo lo hizo, y declarar junto a él: "Sed imitadores de mí, así como yo de Cristo" (1 Co.

11:1). Sin lugar a dudas, *la obediencia produce una vida llena de poder y confianza.*

## El deseo de ser obedientes

Ahora bien, ¿cuál es su condición actual? ¿No le gustaría tener esa clase de confianza en su vida? ¿No le gustaría llevar una vida poderosa e influyente? ¿No le gustaría que su vida tuviera un impacto duradero y que glorificara a Dios en gran manera?

Si su respuesta es positiva (y no puedo imaginar por qué no lo sería), pida a Dios que le dé la fortaleza necesaria para obedecer sus mandatos a medida que se hacen evidentes en su vida. ¿Cómo se harán evidentes en su vida? Los mandatos de Dios vendrán a usted...

- a medida que lee fielmente su Palabra,
- a medida que usted escucha con fidelidad la predicación de su Palabra,
- a medida que usted sea fiel en acatar el consejo de su Palabra, y
- a medida que usted se deshace del pecado en su vida cada vez que es revelado por la luz irresistible de su Palabra.

Un deseo de seguir en obediencia la dirección del Señor *debería ser* la meta suprema de su vida. ¿Lo es ahora mismo? Su disposición a confiar y obedecer al Señor es un paso clave hacia la meta de experimentar las bendiciones de Dios en su vida, y es un elemento clave para poder convertirse en un hombre de influencia.

Con esto en mente, permita que su corazón entone las palabras de este himno clásico y amado sobre el compromiso a la obediencia.

## *Confiar y obedecer*

Al andar con el Señor,

en la luz de su Palabra,

¡qué gloria prodiga Él a nuestros pasos!

Mientras hagamos su buena voluntad

Él permanecerá con nosotros

y con todos los que confían y obedecen.

Confiar y obedecer es nuestro deber

porque no hay otro camino

para ser felices en Jesús,

aparte de confiar y obedecer.[13]

*Un profesor universitario notó a un estudiante que estaba a punto de quedarse dormido en clase. El maestro preguntó al estudiante: "¿Cuál es el problema más grande en nuestra sociedad, la ignorancia o la apatía?" El estudiante contestó: "Ni sé ni me importa".*[14]

5

# Cómo dominar los retos de la vida

*Juzgad si es justo delante de Dios obedecer a vosotros antes que a Dios.*
—Hechos 4:19

De niño crecí en Oklahoma en la década de los cincuenta, y como a la mayoría de mis amigos me encantaba el fútbol norteamericano e incluso traté de ser aceptado por el equipo de secundaria. Allí mismo empezaron mis lecciones sobre humildad, ¡porque fui eliminado antes de terminar la primera semana de pruebas!

Como no quise abandonar mis aspiraciones deportivas, después probé con las carreras de obstáculos en el equipo de atletismo. Allí cada movimiento debía ocurrir en el instante preciso, y para saltar cada obstáculo tenía que correr a cierta velocidad y dar cierta cantidad de pasos. Debo informar (todavía con más humildad) que el reto de los obstáculos fue demasiado grande para mí, así que tuve que contentarme con correr, lo cual hago hasta el día de hoy.

Mi intento breve de triunfar en la carrera de obstáculos es una buena ilustración de lo que puede suceder a medida que nos comprometemos con una vida de obediencia. *Queremos* obedecer a Dios, pero en seguida viene un obstáculo. En ese punto tenemos una alternativa: podemos decidir que no vale la pena esforzarse y nos damos por vencidos, o podemos continuar por el sendero de la obediencia y aprender el secreto de hacer lo que se requiere para dominar la situación y salvar los obstáculos uno por uno a medida que se presentan. Consideremos de qué manera podemos tener dominio sobre los retos y los obstáculos que de seguro surgirán en nuestro intento de vivir una vida de obediencia.

## La iglesia empezó con retos y dificultades

Para empezar, ¡usted debe darse cuenta de que estamos en buena compañía! Desde el mismo principio de la iglesia, los primeros discípulos enfrentaron retos y dificultades. Su primer reto consistió en decidir si iban a servir al Cristo resucitado o ceder a las presiones de los líderes religiosos de su tiempo. Incluso antes de la persecución recia de Pablo contra la iglesia, Pedro y Juan, dos de los doce discípulos de Jesús, fueron llamados a comparecer ante el sanedrín, la principal asamblea religiosa en Israel. Allí recibieron amenazas serias y se les ordenó que dejaran de predicar en el nombre de Jesús.

¿Qué sucedió? Estos hombres de Dios, hombres cuya influencia para Cristo ha perdurado durante más de 2.000 años, resistieron. ¿Cómo? Declararon con valentía: "Juzgad si es justo delante de Dios obedecer a vosotros antes que a Dios; porque no podemos dejar de decir lo que hemos visto y oído" (Hch. 4:19-20).

El sendero de la obediencia muy rara vez es fácil y de hecho fue bastante difícil para los primeros discípulos en la iglesia, pero ese grupo fiel de creyentes nuevos superó el reto de desobedecer el mandato de su Salvador para que fueran sus testigos (Hch. 1:8).

¿Qué efecto tuvo su obediencia? La Biblia dice que "todos fueron llenos del Espíritu Santo, y hablaban con denuedo la palabra de Dios" (Hch. 4:31). Su obediencia recibió el combustible del poder sobrenatural del Espíritu Santo, y su influencia llegó a sentirse hasta los confines de la tierra (Hch. 1:8). ¡Eso es lo que yo llamo *tener influencia*! Espero que usted y yo dominemos con maestría los retos que se presentan en nuestro camino y que sigamos el ejemplo de obediencia dejado por estos hombres y mujeres de Dios.

Hemos llegado a un buen lugar para detenernos a pensar en estas preguntas: ¿A quién sirve usted, amigo mío? ¿Al Salvador resucitado o a alguien (o algo) diferente? ¿Se esfuerza usted en saltar los obstáculos que tiene al frente? ¿Se mantiene firme en la obediencia? ¿Defiende con vigor sus creencias cristianas? Jesucristo fue el principio de la iglesia y Él es el comienzo (¡y el fin!) de la vida de cada hombre de influencia. Para tener un a influencia duradera para Cristo y dejar una marca indeleble en este mundo, usted también debe obedecer a Cristo y dominar los retos.

## Los retos de la obediencia

Como ya hemos visto, la obediencia no fue fácil para Pablo y sus hombres. El camino estuvo repleto de obstáculos y dificultades. Tanto él como su equipo de misioneros tuvieron que enfrentar muchos retos para mantener su fe. La obediencia nunca es fácil, de hecho ¡es bastante difícil! No obstante, obediencia fue lo que Dios requirió de los primeros discípulos, y lo cierto es que si queremos ser hombres de influencia, obediencia es lo que Dios pide de nosotros, aun con todos sus retos y dificultades.

La obediencia a Dios siempre va acompañada de retos, tal vez esta es la razón por la que es el sendero menos recorrido. Por otra parte, la desobediencia es como la autopista de mayor tráfico, ¡tanto así que permanece embotellada todo el tiempo! ¿Por qué? Porque la desobediencia es el camino fácil que nos sentimos tentados a seguir tan pronto las cosas se ponen difíciles. Es el camino que tiene menos obstáculos y retos, pero por ese mismo hecho es el camino que nos convierte en hombres de poca o ninguna influencia.

¿Cuáles son algunos de los retos que enfrentamos en nuestra misión de convertirnos en hombres de influencia? A medida que corremos la carrera por Cristo, ¿cuáles son los obstáculos que nos tropiezan, nos hacen caer o nos presionan a hacer concesiones y bajar a nuestro nivel los parámetros de Dios? ¿Cómo podemos usted y yo vencer y dominar estos retos para seguir adelante en nuestro deseo de convertirnos en hombres de influencia?

Estoy seguro de que usted tiene algunos retos aún por enfrentar en su vida. A medida que presento unos cuantos de mis propios retos que han sido fuente de incontables molestias y extravíos, le animo a reflexionar en sus propios retos y dificultades.

*El reto de la ignorancia.* Uno de los retos más trágicos a la obediencia y la influencia piadosa es la ignorancia, en particular la ignorancia sobre los mandatos de las Escrituras. Vivimos en un tiempo de analfabetismo bíblico profundo. Me entristece decir que muchos hombres cristianos son ignorantes en cuanto a las verdades espirituales. Es como si conocer la Palabra de Dios fuera algo poco "masculino". Muchos hombres no saben qué dice la Biblia sobre los problemas y las luchas que ellos enfrentan a diario. Tal ignorancia nos impide vivir con denuedo para Cristo.

Esa ignorancia viene a un alto precio, y esto es algo que aprendí por experiencia propia. Hace algunos años, a pesar de que solo iba a 56 km por hora, fui detenido por un policía por exceso de velocidad. Traté de explicarle que no había visto la señal que decía "Zona Escolar, 30 km por hora". ¿A qué me condujo esa apelación a la ignorancia para sustentar mi inocencia? Lo adivinó bien, ¡a una multa de 120 dólares!

Dios también tiene un parámetro de conducta definido para todos los hombres. Amado hermano, la Biblia refleja ese parámetro divino. Por lo menos en cuatro ocasiones Pablo rogó a sus lectores que no *ignoraran* los planes de Dios.[15] Escuchemos la admonición de Pablo y el corazón del apóstol, quien rogó "no quiero, hermanos, que ignoréis" (Ro. 11:25). En otras palabras, Pablo (como el oficial de policía), nos dice que la ignorancia no es excusa válida.

Después de haber enseñado en un seminario tantos años, no puedo aguantar las ganas de hacer una evaluación:

- En una escala de 1 a 10, ¿cómo califica su conocimiento de la Palabra de Dios?

- En una escala de 1 a 10, ¿cómo calificaría su conocimiento de su equipo de deportes favorito?
- ¿Cuál tuvo mayor calificación, su equipo favorito o la Palabra de Dios?

Tal vez usted no esté tan interesado en los deportes, en ese caso le invito a comparar su conocimiento de la Palabra de Dios con el de cualquier cosa que le llame la atención. Después hágase la misma pregunta: ¿Cuál recibió más puntos?

¿Entiende lo que quiero mostrar? Su influencia cristiana viene del poder de la Palabra de Dios, no de su conocimiento de las cosas de este mundo. Si usted quiere ser un hombre de influencia, no puede ser ignorante sobre las enseñanzas bíblicas. Como lo dijo D. L. Moody, predicador de otrora quien influyó a muchos: "Nunca conocí a un cristiano útil que no fuera un estudioso de la Biblia".[16]

*El reto de la carne.* Todo cristiano estaría de acuerdo en que la presencia de pecado en nuestro mundo es un hecho de la vida que pone a prueba nuestra obediencia. En el mismo instante en que el pecado entró al mundo mediante la desobediencia de Adán y Eva, toda la humanidad entró en una lucha a muerte con la obediencia. Algunas veces esa lucha es con Dios y su Palabra, otras veces con la autoridad gubernamental y las leyes, leyes como los límites de velocidad, nuestros jefes y nuestra propia conciencia.

Amigo, *todo* hombre batalla con la carne, hasta el gran apóstol Pablo. Mientras lee el siguiente pasaje de Romanos, perciba el conflicto entre la carne pecaminosa de Pablo y su deseo sincero de obedecer a Dios. Note además que Pablo tenía entre 50 y 60 años cuando escribió estas palabras. ¡El dominio de la carne es una batalla de toda la vida! Considere la lucha pero no pierda de vista la victoria, ¡hay esperanza para nosotros!

> Así que, queriendo yo hacer el bien, hallo esta ley: que el mal está en mí. Porque según el hombre interior, me deleito en la ley de Dios; pero veo otra ley en mis miembros, que se rebela contra la ley de

> mi mente, y que me lleva cautivo a la ley del pecado que está en mis miembros. ¡Miserable de mí! ¿quién me librará de este cuerpo de muerte? Gracias doy a Dios, por Jesucristo Señor nuestro (Ro. 7:21–24).

Sí, las batallas de la carne son reales, pero usted puede dominar su carne en lugar de permitir que ella le domine. Estos son algunos pasos prácticos que le ayudarán a dominar y sobreponerse a los retos de la carne.

Reduzca el tiempo que dedica a actividades no edificantes, bien sea con amigos, compañeros de trabajo o familiares.

Rinda cuentas sobre sus luchas a un hombre con mayor madurez espiritual o quizás a su esposa.

Fortalezca su hombre interior con el estudio de la Palabra de Dios y la oración.

Adiestre a sus ojos para que eviten todo lo que pueda avivar las llamas de sus deseos carnales.

Ejerza la pureza en todas sus relaciones con mujeres.

Huya de las pasiones carnales.

*El reto de la apatía.* La ignorancia engendra apatía y la apatía que se apodera de un hombre cristiano, un hombre que nació de nuevo para vivir con denuedo para Cristo, es como si ese hombre muriera de hipotermia. La apatía equivale a morir de frío espiritual. Si nos exponemos durante demasiado tiempo a las ventiscas heladas de la ignorancia y la negociación de nuestros principios, poco a poco pasamos de la complacencia a la muerte gélida de la apatía. El libro de Apocalipsis describe la primera fase de este enfriamiento o apatía en términos de entibiarse: "Por cuanto eres tibio, y no frío ni caliente" (Ap. 3:16).

La apatía no solo es un reto espiritual de tiempos modernos. Tan solo lea el libro de Jueces, donde el pueblo de Israel luchó en reiteradas ocasiones con la complacencia. En vista de las distracciones y tentaciones que nos rodean, nos resulta fácil coquetear con la apatía. Optamos por hacer las cosas a nuestro modo y forjamos nuestra propia senda. Nos enfriamos y endurecemos frente a los caminos de Dios. Vivimos nuestra vida como "ateos prácticos" y empezamos a vivir como si no hubiera Dios (o por lo menos un Dios a quien rindamos cuentas). Luego un día, como si fuera una sorpresa, nos metemos en problemas y *ahí sí* clamamos a Dios para que nos saque del problema. De repente nos sentimos ansiosos de obedecer los mandatos de Dios, pero no hasta que nuestra apatía nos haya llevado por la senda de la desobediencia con todo el dolor y las consecuencias que trae.

La apatía es un reto bastante sutil. De hecho, es tan sutil que ni siquiera yo lo vi aproximarse a mí hasta que fue demasiado tarde. Me permito explicar: Fui a la universidad para estudiar química y convertirme en farmacéutico. Tenía todas las intenciones de continuar mi hábito de asistir a la iglesia y mantenerme activo en el ministerio estudiantil. Sin embargo, poco a poco dejé de asistir a la iglesia con regularidad. Estaba demasiado ocupado con la vida universitaria y mis estudios como para relacionarme con otros cristianos en actividades de la iglesia. Llegué al punto en que mi vida espiritual se "congeló". Pasé 10 años en congelamiento e inmerso en la apatía espiritual. Era inútil para Dios, sin fruto alguno en mi vida cristiana. De hecho, llegué a tener una influencia *negativa* en otros a causa de mi apatía.

Es un escenario bastante triste, ¿no es así? Más nos vale creerlo, ¡la apatía es mortal! Lo cierto es que ninguno de nosotros es inmune a ella. Yo no lo fui, y usted tampoco es inmune a su toque congelador. Espero que usted nunca termine en la condición que yo alcancé, pero ¿cómo pude sobrevivir a pesar de esa apatía? La gracia de Dios vino en mi rescate.

Amigo mío, la apatía es una condición del corazón humano que aparta sus afectos de Dios para que viva convencido de que puede existir sin Él. ¿Cómo puede evitar que la apatía le arrastre de esta manera? ¿Cómo puede impedir que la apatía se arraigue en su vida? Revise su temperatura espiritual con cierta regularidad por medio de estas preguntas:

¿Tengo excusas perfectas para no ir a la iglesia?

¿He dejado de sentirme incómodo con ciertos pecados?

¿Me da igual si leo o no leo la Palabra de Dios?

¿Paso más de mi tiempo libre con personas no cristianas?

¿Me fijo en mí mismo o en el mundo antes que en Dios para obtener ayuda con los problemas de la vida?

¿Me cuesta recibir los consejos y advertencias de hermanos en la fe?

Si su respuesta a cualquiera de estas preguntas es afirmativa, mi amado hermano usted va rumbo a la apatía espiritual. No obstante, sepa que con la ayuda de Dios usted puede vencer el problema. Como farmacéutico me permito darle mi remedio o "fórmula espiritual" para tratar la apatía:

Reconozca que la apatía puede apoderarse de usted.

Admita que la Palabra de Dios es esencial en su vida.

Busque ayuda de los que tienen "corazones ardientes" para el Señor.

Asista con regularidad a la iglesia.

Solicite que otros le tengan a usted por responsable de sus compromisos con Dios.

## Cómo dominar los retos de la vida

La ignorancia, la carne y la apatía. Estos son tres retos que pueden ocasionar la caída de muchos hombres cristianos en el camino que les lleva a convertirse en hombres de influencia, pero las tres claves para dominar estos retos de la vida son:

- reconocer los retos de la ignorancia, la carne y la apatía,
- buscar la ayuda de Dios, y
- emprender las acciones del caso.

Amigo, ¿puede usted verlo? En últimas es *usted* quien determina si quiere ser ignorante de la Palabra de Dios. Es *usted* quien decide si quiere ceder a la carne. Es *usted* quien dicta el curso hacia la apatía. Todos estos retos pueden ser dominados a medida que *usted* busca a Dios para recibir su fortaleza en el hombre interior.

*Es innegable que el hombre que pueda dominar los retos de la vida interior tendrá influencia en los demás.*

Ya que hemos sido alertados sobre los retos que pueden venir *de nuestro interior*, pasemos en el capítulo siguiente a mirar algunos de los retos que nos confrontan *desde afuera.*

*El temor de Dios es lo único que puede librarnos del temor del hombre.*[17]

–John Witherspoon

# 6

# Acepte el reto de vivir con denuedo

*...fortaleceos en el Señor,*
*y en el poder de su fuerza.*
—Efesios 6:10

¿Ha tratado alguna vez de definir la palabra *obediencia*? Un misionero se tropezó con este reto mientras traducía la Biblia. Durante un receso en su búsqueda de un significado equivalente llamó a su perro. Cierto miembro de la tribu que vio cómo el perro acató el llamado, le dijo: "su perro es todo oídos". Al instante, el misionero encontró las palabras que necesitaba para definir *obediencia*: "ser todo oídos".

Estoy seguro de que usted ya habrá notado que la obediencia es un elemento clave en el proceso de convertirnos en hombres de influencia. En el capítulo anterior aprendimos sobre las dificultades de la ignorancia, la carne y la apatía. Continuemos con nuestra lista de los retos y las dificultades que un hombre debe enfrentar a diario, y mientras lo hacemos propongámonos aceptar el reto de Dios para que vivamos en obediencia *denodada* y seamos ¡todo oídos!

## Los retos de la obediencia

*El reto del temor.* Una de las mayores dificultades en nuestra obediencia a Dios es el temor a las represalias y a las consecuencias de hacer lo correcto. Ananías tuvo temor por lo que Pablo había hecho a los cristianos y lo que podría hacerle a él. El temor de Ananías le tentó a flaquear en su obediencia al deseo de Dios de usarle como un hombre de influencia y bendición.

Esta clase de temor no solo dificulta la obediencia de hombres como Ananías, o como usted y yo. No creo que usted pueda afirmar que el temor nunca haya sido una dificultad en su vida. Hasta el gran apóstol Pablo sintió temor. Por ejemplo, el sendero de obediencia a Dios que Pablo emprendió le condujo en últimas a través de Macedonia hasta las grandes ciudades de Atenas y Corinto (Hch. 17–18). Ambas eran ciudades muy grandes y muy decadentes.

En especial, Corinto era bastante mundana e inmoral. En esta gran ciudad se encontraba el templo de Afrodita, la diosa del amor con sus más de mil sacerdotisas dedicadas a la prostitución. En el mundo antiguo del tiempo de Pablo, Corinto tenía fama de auspiciar todo lo pecaminoso y vil. Con referencia a su visita inicial a esta ciudad corrupta, Pablo escribió más adelante a los corintios que al estar en medio de ellos y su ciudad sintió "debilidad, y mucho temor y temblor" (1 Co. 2:3). Todos los hombres de influencia experimentan temor en una u otra ocasión, y el hecho es que el temor casi siempre aflora si estamos en un ambiente hostil en el que nos toque defender nuestra fe.

Así usted y yo no hayamos sido enviados a un lugar pecaminoso como Corinto, tenemos el deber de mantenernos firmes y pronunciarnos en defensa de la fe cristiana y los valores cristianos en algún medio antagonista del mundo, bien sea el sitio de trabajo o la escuela de nuestros hijos. Somos confrontados a diario por la pecaminosidad de nuestra sociedad y no solo en ciertas ocasiones. Si usted es un poco como yo, no es inmune al temor cada vez que se dan situaciones de ese estilo.

Ahora bien, el problema no es nuestro temor porque el temor es normal. Aquí la cuestión es nuestra *respuesta* al temor. El temor puede inmovilizarnos o puede ser usado como un puente hacia el poder, el poder de Dios que puede obrar en nosotros. Pablo habla sobre su propia experiencia, cuando pidió al Señor tres veces que le quitara un misterioso "aguijón en [su] carne". ¿Cuál fue la respuesta de Dios? "Bástate mi gracia; porque mi poder se perfecciona en la debilidad" (2 Co. 12:8). Dios capacitó a Pablo con su poder perfecto para que a pesar de sus temores y debilidad, enfrentara con éxito los retos y las dificultades que se presentaban en su vida.

La próxima vez que usted y yo tengamos que representar con denuedo a Cristo y el temor empiece a apoderarse de nosotros, necesitamos reconocer primero que somos demasiado débiles para controlar la situación sin ayuda. Después necesitamos orar para que Dios tome control de nuestro temor, de tal modo que al abrir nuestra boca recibamos de Él las palabras que necesitamos "para dar a conocer con denuedo el misterio del evangelio" (Ef. 6:19).

*El reto de la presión de grupo.* La presión ejercida por los miembros de un grupo es la hermana gemela del temor. Esa clase de presión no crea temor de los enemigos o de situaciones hostiles, sino de nuestros familiares, amigos, compañeros de trabajo y vecinos. Nos atemoriza que otros se rían de nosotros, nos rechacen o nos atormenten si decidimos mantenernos firmes en defensa de nuestra fe y los parámetros de Dios.

Si usted piensa que es el único que ha luchado con este reto, piénselo mejor. Lea el pasaje siguiente y verá cómo la presión del prójimo afectó con todo su poder al gran apóstol Pedro y aun al amigo cercano de Pablo, Bernabé. Según el informe de Pablo:

> Cuando Pedro vino a Antioquía, le resistí cara a cara, porque era de condenar. Pues antes que viniesen algunos de parte de Jacobo, comía con los gentiles; pero después que vinieron, se retraía y se apartaba, porque tenía miedo de los de la circuncisión. Y en su simulación participaban también los otros judíos, de tal manera que aun Bernabé fue también arrastrado por la hipocresía de ellos (Gá. 2:11-13).

En pocas palabras, estos dos hombres que se supone debían ser hombres de influencia, habían cedido bajo la presión del grupo.

¿Le suena esto como algo familiar? A mí sí. Yo sé que he cedido en una u otra ocasión al permitir que la presión del grupo tomara precedencia sobre el parámetro de Dios. Estoy seguro de que usted también debe decidir todos los días entre seguir a la multitud o seguir con denuedo a Cristo. Usted sabe muy bien que no puede seguir a ambos, así que ¿cómo será hoy?

Vamos a considerar el denuedo de Pablo ante la presión de sus semejantes. ¿Qué hizo el apóstol? Pablo pidió que otros oraran por él: "a fin de que al abrir mi boca me sea dada palabra para dar a conocer con denuedo el misterio del evangelio" (Ef. 6:19).

Como Pablo, nosotros también debemos ser valientes. Sigamos su ejemplo en estos pasos específicos:

No tenga temor.

Obtenga apoyo en oración de otros creyentes.

Busque su fortaleza en el Señor.

Decida todos los días que seguirá con denuedo a Cristo.

*El reto de nuestra cultura.* Llevar una vida denodada y piadosa en una cultura impía también es un reto constante. Podemos contar con que cada vez que nos mantengamos firmes en lo que creemos, seremos cuestionados por nuestra cultura. Como Pablo dijo a su joven discípulo Timoteo: "todos los que quieren vivir piadosamente en Cristo Jesús padecerán persecución" (2 Ti. 3:12). Hermano cristiano, si usted firmó para convertirse en soldado de Jesucristo, aceptó la condición de una vida que no "se enreda en los negocios de la vida" (2 Ti. 2:3). Usted *vive* en este mundo pero eso no significa que deba *amar* a este mundo (1 Jn. 2:15). Solo porque la gente haga trampa en sus impuestos, altere las cifras de sus ingresos o se involucre en "negocios turbios", y el hecho de que esos actos gocen de cierta aceptación cultural, no significa que usted pueda hacer esas cosas. No, usted y yo debemos vivir con valentía y conforme a parámetros muy diferentes, ¡los parámetros de Dios!

Hace varios meses tuve que enfrentar este reto de la cultura. Trataba de vender un remolque de bote en la mitad del invierno, lo cual es casi imposible durante una temporada en la que nadie utiliza sus botes. Podrá imaginarse lo agradecido que estaba con el Señor al ser contactado por alguien interesado en comprarlo. Este hombre estuvo incluso dispuesto a pagar mi precio original sin negociaciones. Su única condición fue que en la factura de compraventa declarara solo la mitad del valor comercial del remolque. Me dijo: "Así acostumbramos hacer en estos lados". Si cumplía con su solicitud, él no tendría que pagar más que la mitad del impuesto estatal que eran varios cientos de dólares. Debo confesar que mi primer razonamiento fue algo así: *De verdad quiero vender ese remolque, pero si digo que no el comprador perderá interés y tal vez no pueda encontrar a otro que esté dispuesto a pagar lo que le pido... por otro lado, si accedo a sus términos tendré que mentir (¡sin mencionar que se trata de un acto ilegal!). ¿Pero acaso alguien tiene que enterarse?*

En los primeros instantes tuve esta lucha conmigo mismo mientras entretenía estos pensamientos terribles aunque todo el tiempo supe qué debía hacer. Sin embargo, ¡allí estaba yo en medio de mi lucha! Pues bien hermano, le alegrará saber que no accedí a su oferta ilícita. De hecho, le dije con denuedo que era cristiano y no quería hacer algo ilegal. Quería ser obediente a las normas de Dios y estaba dispuesto a perder la venta antes que someterme a lo que la cultura "de esos lados" consideraba aceptable. Además, el hombre accedió a mis condiciones y pagó el precio total que asimismo declaré en la factura.

Gracias a Dios no perdí la venta, pero lo importante es que estuve dispuesto a perderla. Habrá ciertas ocasiones en las que usted y yo "perderemos" por no estar dispuestos a negociar, pero créame que esa "pérdida" es como nada en comparación a lo que ganaremos: La bendición de Dios por nuestra obediencia, y una conciencia limpia por hacer lo correcto.

Amigo, usted y yo estamos llamados a vivir con denuedo y obediencia conforme a parámetros diferentes, los estándares de Dios. Esto significa que usted y yo debemos...

- saber cuáles son los parámetros de Dios.
- hacer nuestros los parámetros de Dios.
- decidir con determinación que viviremos conforme a ellos.
- estar dispuestos a aceptar las consecuencias de vivir conforme a esos parámetros.
- rendir cuentas a otros sobre nuestra obediencia a esos parámetros.
- pedir a Dios la fortaleza para resistir las presiones externas o internas para negociar los parámetros de Dios.

## Cómo aceptar los retos

Aunque no soy un estudioso de las leyes de la física, no se requiere demasiado estudio para entender que si no hay resistencia tampoco hay presión. La misma ley puede aplicarse a nuestra vida espiritual: Si no se ejerce resistencia contra el pecado (es decir, cada vez que desobedecemos), no existe reto alguno que haga oposición a la obediencia. No hay retos...

- si usted deja que el temor le inmovilice
- si usted permite que la presión del grupo le comprometa
- si usted permite que su cultura le moldee
- si usted permite que la ignorancia le idiotice
- si usted deja que la apatía le apacigüe

Por supuesto, yo tengo un concepto mucho más alto de usted. Yo creo que está listo para aceptar los retos que acompañan a una vida de obediencia. Creo que usted quiere convertirse en un hombre de influencia piadosa. Con la ayuda de Dios, y eso es justo lo que se requiere, usted está listo para ser usado por Dios de forma poderosa.

A continuación le presento algunas directrices que le ayudarán a desarrollar una vida de influencia duradera. Le pido disculpas si repito demasiado lo que digo, pero creo que los hombres siempre necesitamos que nos recuerden estos pasos simples.

Primer paso: *Comprenda que la Palabra de Dios es la Palabra de Dios para usted.* Como excusa para desobedecer, algunas personas dicen: "Si Dios me hablara en una visión como habló a Pablo y Ananías, o como se comunicó con Moisés, yo podría obedecer". Amado amigo, Dios *ya* se ha revelado a sí mismo a nosotros. Dios se reveló a nosotros en su Hijo Jesucristo y en su Palabra, la Biblia. Dejemos de dar excusas y empecemos a obedecer la Palabra de Dios.

Segundo paso: *Aprenda cuáles son los mandatos de Dios y obedézcalos.* ¿Qué clase de mandatos? Mandatos como:

- "Maridos, amad a vuestras mujeres" (Ef. 5:25).
- "todo lo que hagáis, hacedlo de corazón, como para el Señor y no para los hombres" (Col. 3:23).
- "Sométase toda persona a las autoridades superiores" (Ro. 13:1).
- "desechando la mentira, hablad verdad cada uno con su prójimo" (Ef. 4:25).
- "id, y haced discípulos a todas las naciones" (Mt. 28:19).

Tercer paso: *Busque con constancia la fortaleza de Dios para cumplir sus mandatos a perfección.* "Fortaleceos en el Señor, y en el poder de su fuerza" (Ef. 6:10). Lo que Dios *espera* de nosotros, Él también nos *capacita* para hacerlo. La fortaleza viene de Él, solo necesitamos un corazón dispuesto.

Cuarto paso: *Arrepiéntase cada vez que desobedezca los parámetros de Dios.* Dios no nos pide que seamos perfectos, pero sí nos pide que progresemos y crezcamos en madurez. Dios usa vasos puros, por esa razón debemos...

...mantener limpia nuestra conciencia delante de Dios,
...reconocer nuestro pecado,
...aceptar el perdón que Dios ofrece y
...avanzar con denuedo para gloria de Dios.

Quinto paso: *Regocíjese aun en las victorias más pequeñas.* Ninguna guerra se gana en una sola batalla, así que nuestra guerra contra los retos a la obediencia continuará hasta el fin. El crecimiento espiritual ocurre un paso a la vez y una victoria a la vez. Por eso, dé gracias a Dios incluso por la más pequeña de sus victorias en Jesucristo (Ro. 7:24).

Sus ganancias en la vida
no dependen tanto de los ingresos
como del control de sus egresos.

Como he dicho antes, todo se resume en lo siguiente: *Una vida influyente para Dios depende de una vida obediente a Dios.*

*A ningún lado llegaremos en la vida sin disciplina, y esto es doblemente cierto en cuestiones espirituales. Ninguno de nosotros busca por naturaleza a Dios. Como hijos de la gracia, nuestra disciplina espiritual lo es todo. Repito: ¡La disciplina lo es todo!*[18]

# 7

# PROCURE LAS DISCIPLINAS ESPIRITUALES

*Ejercítate para la piedad.*
—1 TIMOTEO 4:7

Estoy seguro de que usted ha escuchado y quizá leído muchas historias inspiradoras sobre personas que han superado grandes adversidades y obstáculos para poder competir en los juegos olímpicos o algún otro tipo de disciplina deportiva. Una de las historias que me ha inspirado y animado más es la de Lance Armstrong.

Lance ha ganado (hasta la publicación de este libro) cuatro primeros lugares en la carrera extenuante y difícil de 3.200 km que se conoce como el Tour de Francia, la competencia de ciclismo más importante del mundo. Lo que hace tan asombrosa la historia de Lance es que él ganó su primer título menos de 3 años después de habérsele diagnosticado una forma avanzada de cáncer que ya se había extendido a sus pulmones y cerebro. Tenía muy pocas probabilidades de supervivencia aun tras someterse a una cirugía de cerebro y un tratamiento intensivo de quimioterapia.

La naturaleza misma de los logros de Lance Armstrong le ha convertido en un hombre de influencia. Su vida nos muestra lo que el espíritu humano puede lograr con disciplina, determinación y temple (así como la ayuda de médicos excelentes y las medicinas más avanzadas). Lance es un ciclista de talla mundial quien para alcanzar su nivel de influencia tuvo que realizar esfuerzos más grandes que los de muchos seres humanos tan solo en su preparación para competir, ¡y mucho más todavía para ganar la competencia! Su vida disciplinada es un reto que ilustra otra de las cualidades interiores y secretas que se encuentran en las vidas de todos los hombres de influencia: Disciplina.

## El enfoque de la disciplina

Como ya hemos presenciado, un hombre con influencia de las grandes ligas fue el apóstol Pablo, y una de las razones de su gran influencia fue el haber sido un hombre disciplinado. Esto es algo indudable. Al igual que Lance nuestro amigo ciclista, Pablo era un competidor con gran motivación para ganar. Nos preguntamos, ¿de dónde sacaba fuerzas y empuje este hombre? ¿Acaso se debió a su previo adiestramiento religioso como un fariseo estricto? ¿Tuvo lo que algunos llaman una personalidad de tipo A?

Estos elementos pudieron contribuir al empuje de Pablo, pero la razón verdadera de la disciplina de Pablo era el enfoque en su vida. Con pasión y persistencia únicas, Pablo se enfocó en "una corona... incorruptible" (1 Co. 9:25). Lance Armstrong y otros que compiten a cualquier nivel en diversas actividades deportivas así como los hombres de negocios, tienen sus razones terrenales para los altos grados de motivación que tienen: Un premio terrenal, "una corona corruptible". En cambio, la motivación de Pablo fue Jesucristo como premio eterno e inigualable. Mi hermano, ¡ese enfoque hizo toda la diferencia! Pablo quería *procurar* el conocimiento de Jesucristo (Fil. 3:10) y *predicar* el mensaje de Jesucristo (1 Co. 9:16). Además, Pablo estuvo dispuesto a *pagar cualquier precio* y hacer lo que fuera necesario para no ser descalificado de la carrera cristiana y para llegar a la meta de Jesucristo. Como dije antes, Jesús fue el enfoque total de la vida de Pablo, y cuanto más influenció Jesucristo a Pablo, más influenció Pablo a los demás.

## Su pasión personal

La motivación de Pablo para agradar a Jesucristo y obtener un premio eterno fueron las causas principales de su vida disciplinada, porque se convirtieron en sus metas y su pasión personales. Mi amigo, usted y yo, como Pablo, tenemos ciertas personas o cosas que motivan nuestra vida. Por eso le pregunto: ¿Qué le motiva a usted en estos días? ¿Qué es lo que le hace levantarse temprano cada mañana y acostarse hasta tarde en la noche? ¿Qué consume las horas y los días de su vida? ¿Es una carrera? ¿Es un deseo de éxito? ¿Es la meta de independencia financiera? ¿Es un sueño de felicidad futura o jubilación holgada?

Estos deseos no son equivocados ni malos en sí mismos, pero ¿qué pasa si usted alcanza alguna de estas metas físicas o financieras? ¿Qué sucede tan pronto usted gana uno de estos premios "terrenales"? ¿Se sentirá satisfecho por completo? Tal vez sí, tal vez no. Amigo mío, esta es la pregunta más difícil: ¿Está usted dispuesto a correr el riesgo de gastar su vida y sus energías en esta clase de tareas que en últimas podrían *no* satisfacer sus anhelos más profundos? Mientras piensa en su respuesta, continúe la lectura.

### *La pasión personal de Pablo*

Espero que haya aprendido mucho sobre el apóstol Pablo. El estudio de la vida de este hombre se ha convertido en una labor apasionante en mi vida, y ahora vamos a considerar otra enseñanza en la escuela de su vida apostólica que nos ayudará a convertirnos en hombres de influencia.

Pablo fue un hombre que lo tuvo todo. Tuvo el trasfondo ideal, el trabajo perfecto, y fue el mejor en lo que hacía. Hasta el momento de su conversión había hecho un progreso excelente para llegar a la cima de su "profesión", pero después de convertirse en cristiano Pablo vio sus logros y sus metas bajo una luz diferente. Esto le llevó a abandonar todas sus ambiciones terrenales y personales por algo mucho mejor. Lo dejó todo a cambio de una vida consagrada a seguir a Jesucristo. Escuche el corazón de Pablo en Filipenses

3:7-8, mientras él busca las palabras para describir el nuevo enfoque de su vida:

> Pero cuantas cosas eran para mí ganancia, las he estimado como pérdida por amor de Cristo. Y ciertamente, aun estimo todas las cosas como pérdida por la excelencia del conocimiento de Cristo Jesús, mi Señor, por amor del cual lo he perdido todo, y lo tengo por basura, para ganar a Cristo.

Amigo mío, la disciplina es algo bueno y provechoso. Usted jamás llegará a algún lado sin ella y nunca será un hombre de influencia a cualquier grado sin ser disciplinado. Ahora bien, usted debe estar seguro de que su disciplina tiene el enfoque correcto y la dirección debida. Como Pablo, asegúrese de que su meta sea primero y ante todo, Jesucristo. Si lo hace así, todas las demás cosas quedarán en su sitio correcto. De hecho, Jesús mismo fue quien dijo: "Mas buscad primeramente el reino de Dios y su justicia, y todas estas cosas os serán añadidas" (Mt. 6:33).

Como puede ver en las palabras de Cristo, la disciplina para el hombre cristiano es en realidad una disciplina *espiritual.* Al invertir tiempo y energía en nuestra vida espiritual, Dios reemplaza los viejos hábitos y pensamientos destructivos con hábitos piadosos y con pensamientos y deseos que honran a Dios.

Lance Armstrong y otros como él ocupan ahora posiciones de influencia en la vida y en la sociedad, y debemos reconocer sus logros notables así como aprender de ellos. No obstante, la influencia verdadera y perdurable viene como resultado de vivir nuestra vida para Jesucristo, como lo descubrió Pablo. Esa clase de vida que honra a Dios ejerce la mejor y más grande influencia sobre los demás. Por lo tanto debemos hacer esta pregunta obvia: ¿Cómo obtenemos esa clase de vida? Es aquí donde entra en acción la disciplina espiritual.

## Las características de la disciplina espiritual

Pablo nos da una descripción simple de la disciplina espiritual en una carta a su joven discípulo Timoteo: ejercítate para la piedad. A partir de esta sencilla pero poderosa admonición a Timoteo (la cual se encuentra en 1 Ti. 4:7), podemos discernir tres características de la disciplina espiritual.

*1. La disciplina espiritual es exigente.* "*Ejercítate* para la piedad". Este acto de ejercitarse también se puede traducir como disciplina y adiestramiento. Es un mandato a que mantengamos una disciplina constante para ser piadosos. Este término alude al entrenamiento riguroso y extenuante al que un buen deportista se somete con sacrificio.[19] Por lo tanto mi amigo, Pablo nos insta a usted y a mí tal como urgió a su hijo en la fe Timoteo, a que procuremos de forma rigurosa y continua una vida de disciplina piadosa. Además, así como un atleta no puede darse el lujo de interrumpir un solo día su preparación física sin sufrir las consecuencias, usted y yo tampoco podemos sobreponernos sin gran dificultad a cualquier pausa en nuestra disciplina espiritual. Nadie dijo que la disciplina espiritual fuera barata o poco exigente.

Yo he experimentado dos cambios de vocación en mi vida. El primero consistió en salir de la profesión farmacéutica al ministerio de tiempo completo. Como podrá imaginar, mi crecimiento espiritual se aceleró en gran medida como resultado de mi participación activa en el ministerio y del tiempo que tal ministerio requiere dedicar en preparación y dinámica espiritual. El segundo cambio vino varios años atrás cuando pasé del ministerio profesional a un ministerio como escritor y conferenciante. Con el segundo cambio me equivoqué al suponer que como estaba dedicado a investigar, escribir y hablar acerca de cosas espirituales, ya no necesitaba dedicar tanto tiempo personal a disciplinas espirituales como orar y leer mi Biblia.

Las cosas siguieron sin problemas por un tiempo, hasta que empecé a notar con ayuda de mi esposa, que ciertas conductas no piadosas habían empezado a formar parte de mi rutina. Había permitido que afloraran cosas indeseables como la impaciencia, la irritabilidad y hasta el enojo. ¡Los cambios fueron bastante sutiles! Todo se debía a algo tan sencillo como no leer mi Biblia por cuenta propia y para mi propio crecimiento espiritual.

Esto afectó bastante mi vida espiritual hasta que resolví cambiar la situación. Amigo, créame lo que le digo: La disciplina espiritual demanda mucho de nosotros, ¡por eso debemos procurarla todo el tiempo!

2. *La disciplina espiritual debe desearse.* Mire de nuevo las palabras de Pablo y trate de encontrar un mensaje nuevo al considerar la misma palabra "ejercítate", pero enfóquese ahora en la persona que es objeto del mandato: *usted.* Mi hermano, ¡esta no es una sugerencia apostólica! La piedad no es opcional para el cristiano. No, Dios desea que usted y yo como sus hombres, al lado de Pablo y Timoteo, seamos conformados a la imagen de su Hijo (Ro. 8:29). Este deseo debe estar en el centro mismo de nuestro ser. El hambre por los caminos de Dios debe ir más allá del deseo caprichoso, para convertirse en una realidad por medio de la disciplina y el sacrificio voluntario y concienzudo.

No sé usted, pero yo sé que si quiero permanecer sano debo hacer algo que beneficie mi cuerpo todos los días. Necesito hacer alguna clase de ejercicio físico aunque la cabeza diga *sí* y el cuerpo diga *no.* De mí depende la victoria de una de estas partes de mi ser que se oponen en cuanto al ejercicio físico. Pues bien, esto es lo mismo que sucede en el plano espiritual. Mi cabeza y mi espíritu dicen que *sí* a la disciplina y el sacrificio mientras que mi carne dice: *Hagamos estas cosas espirituales otro día.*

La verdad es que tanto en los planos espiritual como físico en la vida de un hombre, la única forma de hacer realidad el "ejercicio" es por un acto de la voluntad. En últimas yo soy quien debe tomar la decisión de levantarme del sofá para hacer algún ejercicio físico. Lo mismo se requiere en mi vida espiritual, porque en últimas yo soy quien decide si me voy a levantar de la cama o del sofá para leer mi Biblia.

¿Cómo podemos avanzar más allá del simple deseo de convertirnos en hombres de influencia? Respuesta: Pida a Dios que le dé un deseo más grande de crecer en su vida espiritual. Mientras lo hace, no olvide pedirle su ayuda para levantarse del sofá para hacer ejercicio que le ayude a mantener su salud física.

3. *La disciplina espiritual nos dirige a Dios.* Una vez más, consideremos las palabras de Pablo a Timoteo (y a nosotros), pero esta vez con otro enfoque diferente: "Ejercítate *para la piedad*". La piedad está en el centro de la vida cristiana. Por ende, la piedad debería ser la dirección específica en la vida de todo creyente. ¿Qué es la piedad? Creo que esta definición nos lleva a la esencia misma de su significado:

> La piedad es la actitud debida y la respuesta correcta al verdadero Dios y Creador. Es una preocupación de corazón por las realidades más santas y sagradas. Es respeto a lo que Dios merece como Dios, por eso es la más sublime de las virtudes.[20]

Si usted y yo somos hijos de Dios, deberíamos tener el deseo de ser semejantes a Él en cuanto nos sea posible, pero nuestra carne pecaminosa rechaza esta meta piadosa. Hasta el gran apóstol Pablo luchó en esta área. Escuche y sienta de nuevo su batalla constante:

> Así que, queriendo yo hacer el bien, hallo esta ley: que el mal está en mí. Porque según el hombre interior, me deleito en la ley de Dios; pero veo otra ley en mis miembros, que se rebela contra la ley de mi mente, y que me lleva cautivo a la ley del pecado que está en mis miembros. ¡Miserable de mí! ¿quién me librará de este cuerpo de muerte? (Ro. 7:21-24)

¡Yo puedo identificarme con la angustia de Pablo! Tal vez usted también, pero debemos recordar que ¡hay esperanza! Pablo da la respuesta, tanto a su lucha como a la nuestra. Casi podemos oírle exclamar a voz en cuello: "Gracias doy a Dios, por Jesucristo Señor nuestro... Porque la ley del Espíritu de vida en Cristo Jesús me ha librado de la ley del pecado y de la muerte" (Ro. 7:25; 8:2).

Jesucristo nos ha hecho libres para que le sirvamos de manera voluntaria y gozosa al mismo tiempo que procuramos imitar su naturaleza divina y piadosa. Por eso, como hombres que amamos al Señor y deseamos influenciar a otros a hacer lo mismo, apuntemos nuestra brújula espiritual hacia nuestro hogar, hacia Dios y hacia nuestra eternidad con Él.

## El valor de la disciplina espiritual

Es posible que mientras usted lee estas líneas piense: *¿Por qué es esto tan importante? ¿Por qué preocuparse tanto por estas cuestiones? ¿De qué sirve todo esto?* Pues bien, Pablo debió saber que usted haría esas preguntas porque nos dice en una sola palabra cuál es el valor de la disciplina espiritual: piedad, "porque el ejercicio corporal para poco es provechoso, pero la piedad para todo aprovecha, pues tiene promesa de esta vida presente, y de la venidera" (1 Ti. 4:8).

Ningún hombre que lea este libro dirá que el ejercicio físico carezca de valor, ¿no es así? Sabemos que el ejercicio físico es beneficioso para todos nosotros. Pablo también está de acuerdo y nos alentaría a no dejar de ir al gimnasio o adoptar alguna otra disciplina física para quemar grasa y mantener un peso ideal.

Sin embargo, no debemos detenernos solo en el plano físico que "para poco es provechoso". Si usted quiere lo que *de verdad* cuenta, lo que tendrá un efecto *duradero*, asegúrese de poner su enfoque principal en su vida espiritual. Esto le ayudará a disfrutar lo mejor de ambos mundos. La disciplina espiritual le ayudará en su vida presente: su matrimonio, sus hijos, su trabajo, su ministerio, su testimonio y también en su futuro. ¡La disciplina espiritual tiene valor para la eternidad!

Espero que usted entienda por qué la disciplina espiritual es una parte tan importante en el proceso de convertirnos en hombres de influencia. La madurez espiritual es un elemento necesario en la vida del hombre de Dios. Con este en mente, en el capítulo siguiente veremos qué pasos necesitamos dar para convertirnos en hombres más disciplinados en nuestra vida espiritual. Antes de proceder, deténgase a pensar por un momento en este reto:

Usted no necesita tomarse un día libre en la vida

espiritual más de lo que su corazón necesita tomarse un día libre y dejar de latir. Así como usted no puede irse de vacaciones morales sin dejar de ser moral, tampoco puede darse vacaciones espirituales y seguir siendo espiritual. Dios le quiere a usted en su totalidad y esto requiere que preste mucha atención a su condición espiritual, para cuya excelencia se requiere una gran cantidad de tiempo y energía.[21]

*El mundo está lleno de gente brillante por naturaleza que nunca se eleva por encima de la mediocridad porque no están dispuestos a hacer el sacrificio requerido por la superioridad.*[22]

*Sin disciplina no somos discípulos, así profesemos su nombre y nos hagamos pasar por seguidores del Nazareno. En una era de indisciplina, cuando el libertinaje y las licencias han suplantado la ley y la lealtad, existe como nunca antes la necesidad de que los discípulos de Cristo seamos disciplinados.*[23]

# 8

# Práctica de disciplinas personales

*Golpeo mi cuerpo, y lo pongo en servidumbre,*
*no sea que habiendo sido heraldo para otros,*
*yo mismo venga a ser eliminado.*
—1 Corintios 9:27

Muchos hombres han influenciado mi vida, pero tres en particular han tenido una influencia duradera.

Primero fue mi padre. Mi papá modeló para mi beneficio varias áreas básicas de disciplina. Me enseñó el valor del trabajo duro, la necesidad de ahorrar y la recompensa de proveer para la familia. Debo mucho al ejemplo de mi padre y sus lecciones paternales sobre la importancia de la disciplina.

Después sigue mi jefe en el grupo de exploradores. Mike era un ejecutivo exitoso en una empresa local. Tenía cuatro hijas ¡y creo que le habría gustado tener uno o dos hijos varones! Por eso acudió a las familias del vecindario para reclutar un grupo de niños y conformar una manada de exploradores y un equipo de baloncesto. Mike nos enseñó la disciplina de trabajar juntos como un equipo, bien fuese en el establecimiento de un campamento en el bosque o en un partido de baloncesto. Cada vez que sirvo en un comité o que hago un nudo seguro, pienso en Mike.

En tercer lugar, mi pastor de más de 25 años, el doctor John MacArthur. John implantó en lo más profundo de mí el valor del estudio bíblico disciplinado, la importancia de interpretar bien la Biblia y el respeto profundo por la Palabra de Dios y su poder transformador en la vida de un hombre.

Cada uno de estos hombres tuvo una influencia marcada en mi vida. Cada uno cinceló alguna faceta de la disciplina espiritual en mi vida y carácter. Además, cada uno en su propio estilo y esfera fue un hombre de influencia. Cada uno tuvo o ha tenido un efecto duradero en la vida de otros: mi padre en mí, Mike en un grupo de niños que se convirtieron en hombres de valor, y John MacArthur en una iglesia local así como en el mundo a través de sus mensajes grabados y sus libros.

## La jornada hacia la disciplina

Se ha dicho que una travesía de mil kilómetros empieza con el primer paso. Pues bien, la travesía hacia la disciplina espiritual así como el camino que conduce a la influencia como hombres de Dios también empieza con los primeros pasos que se dan para acercarse a Dios. Permítame contarle en qué consisten estos pasos.

Primer paso: *Tome la determinación de ser más disciplinado.* Si ninguna cosa que yo haya dicho hasta ahora le ha motivado a volverse más disciplinado, piense un momento cuál sería el resultado final de pasar por la vida como una persona no indisciplinada. Imagine la desilusión para usted mismo, para Dios y para su familia si usted no se convierte en el hombre que pudo haber sido si tan solo se hubiera esforzado en lugar de tomar la senda fácil.

Estoy seguro de que usted ha oído la frase "sin dolor no hay ganancia" (en inglés, "*no pain, no gain*"). Es algo que uno puede encontrar escrito en la pared de un gimnasio o en el vestíbulo de un estadio. Con estas palabras también se puede hacer una paráfrasis perfecta de la filosofía personal del éxito y los logros de nuestro hombre de influencia, el apóstol Pablo quien dijo: "golpeo mi cuerpo, y lo pongo en servidumbre, no sea que habiendo sido heraldo para otros, yo mismo venga a ser eliminado" (1 Co. 9:27). La disciplina, tanto en el plano espiritual como en el físico, requiere esfuerzo. Debemos saber que todo esfuerzo en esa dirección bien vale la pena. Usted recibirá un precio doble, el precio eterno del que Pablo habla y el precio terrenal de logro e influencia.

¿Por qué no tener hoy la determinación, con la ayuda de Dios, de levantarnos como hombres de influencia que practican la disciplina personal como un estilo de vida? Determine usted hoy que aplicará mayor energía al cumplimiento de sus diferentes responsabilidades como cabeza espiritual de su familia, como esposo, padre, proveedor, amigo e incluso como hijo y yerno. La influencia piadosa no es algo espontáneo que sucede sin esfuerzo alguno. La disciplina en cualquier área de su vida empieza con el deseo. Se requiere tiempo para adquirir las disciplinas requeridas para la madurez espiritual y el éxito personal, y todo empieza con el deseo sincero e intenso. Para usted, todo esto puede empezar hoy mismo.

¿Cuál es la intensidad de su deseo?

---

Usted se convierte hoy mismo en lo que será mañana

---

Segundo paso: *Adquiera sensibilidad espiritual.* ¿Qué significa tener sensibilidad espiritual? Significa desplazarse por la vida con una conciencia permanente de Dios. Para ser sensibles en cuanto a lo espiritual necesitamos saber cómo actuaría, hablaría y respondería Dios a las situaciones de la vida. ¿Cómo podemos usted y yo desarrollar esta clase de sensibilidad?

Para empezar, mediante la lectura acerca de Dios que encontramos en la Biblia. Allí Él nos ha escrito acerca de sí mismo. A medida que leemos la Biblia, empezamos a entender la naturaleza y el carácter de Dios. Al ver con cuánta gracia respondió Él a su creación caída, a tal punto que sacrificó a su Hijo unigénito por nosotros, empezamos a entender cómo debemos ser más amorosos, generosos y sacrificados. Al volvernos más sensibles a las verdades espirituales, adquirimos mayor discernimiento sobre los asuntos que enfrentamos a diario en la vida.

Sensibilidad espiritual significa que usted y yo siempre nos preguntemos: ¿Cómo respondería Jesús a esta situación o a esta persona? Pablo llamó esto tener el mismo "sentir que hubo también en Cristo Jesús" (Fil. 2:5). Así que la pregunta es ahora: ¿Cómo desarrollamos esta actitud o sentir de Cristo?

Hace algunos años un gran hombre de Dios llamado Harold Lindsell vino a nuestra iglesia para dirigir un seminario. El doctor Lindsell era un profesor universitario y escritor que había hecho bastante durante toda su vida para defender la fe cristiana contra el pensamiento liberal. Fue muy evidente en el transcurso del seminario de un día que él de verdad conocía su Biblia.

Después del seminario me armé de valor y me acerqué a él para preguntarle cómo había llegado a conocer tan bien la Biblia. Tenía esperado que me dijera que era el resultado de su preparación teológica o su capacidad para interpretar las Escrituras. Para mi gran sorpresa, dijo que había sido *toda una vida de lectura bíblica regular y sistemática*. Según él, esto le había dado la profundidad de su entendimiento de la Palabra de Dios. Eso es bastante simple, ¿no es cierto? Para mí fue motivo de gran gozo saber que yo también podía llegar a comprender con solidez la Palabra de Dios. Todo lo que se requería era la disciplina de ser fiel en la lectura de mi Biblia.

Hermano, ese seminario con el doctor Harold Lindsell solo duró un día, pero su influencia produjo un efecto benéfico que ha durado toda mi vida. Inspirado por su ejemplo, he tratado de leer con regularidad toda la Palabra de Dios durante los últimos 25 años. ¿Le ayuda a usted esta historia de mi encuentro con el doctor Lindsell a reconocer mejor el poder de la influencia piadosa?

Ahora bien, ¿cómo le va a usted en esta área de su vida? ¿Es usted disciplinado y constante en su lectura y estudio de la Palabra de Dios?

---

Sensibilidad espiritual significa que usted puede discernir entre el bien y el mal

---

Tercer paso: *Mejore su vida de oración*. Cierta noche mientras cumplía mis deberes como diácono en mi iglesia, conocí y entrevisté a un hombre y su esposa que estaban interesados en ser miembros de la iglesia. ¡Qué pareja más interesante! Pues bien, una semana después yo dirigía el tiempo de oración para nuestra clase dominical y pedí a varios hombres que oraran por las peticiones de oración del grupo. Al terminar la clase, el hombre a quien había entrevistado para convertirse en miembro se aproximó a mí. Su indisposición fue evidente mientras me solicitaba que nunca más volviera a pedirle que orara. Me dijo que no era bueno para orar.

¿Por qué orar es tan difícil para algunos hombres? Tal vez la respuesta es muy simple: No oramos lo suficiente como para sentirnos cómodos si oramos con nuestro cónyuge y familia, o en una reunión de la iglesia. La oración, como cualquiera de las otras disciplinas espirituales, requiere repetición.

A propósito, este hombre y yo empezamos a tener reuniones privadas de oración. Hoy día la mayoría de los miembros de la iglesia le consideran un hombre de oración, tanto en privado como en público. Usted y yo, al igual que mi amigo vacilante podemos aprender a orar con el simple hecho de orar con frecuencia. Si se ha sentido incómodo con la práctica de la oración, encuentre a alguien que le ayude a aprender a orar. Esto es justo lo que hicieron los discípulos, ¡pidieron a Jesús que les ayudara!

---

"Señor, enséñanos a orar" (Lc. 11:1)

---

Cuarto paso: *Encárguese de su pecado*. ¿Recuerda nuestra definición de *piedad* en el capítulo anterior? La piedad es vivir como Dios y para Dios. Hacer lo que necesitemos hacer para tratar el pecado en nuestra vida. El *pecado* es una palabra extraña para muchos en la actualidad. Casi cualquier persona está dispuesta a decir: "cometí un error", o "incurrí en una indiscreción". No obstante, para ser hombres de influencia piadosa, usted y yo debemos reconocer el pecado como lo que es y confrontarlo sin cobardía. El pecado es todo lo que nos impide dar en el blanco espiritual, y ese blanco es el parámetro establecido por Dios mismo en su Palabra.

¿Cómo puede usted tener una influencia adecuada en otros si no trata el pecado que haya en su vida? Es imposible. Sin embargo, como la Biblia dice, "Si confesamos nuestros pecados, él es fiel y justo para perdonar nuestros pecados, y limpiarnos de toda maldad" (1 Jn. 1:9). La confesión de pecado abre el camino para que podamos ejercer la clase de influencia que glorifica a Dios. Solo si confrontamos nuestros pecados podremos adquirir sensibilidad espiritual y aprender a discernir entre lo correcto y lo indebido.

¿Cómo podemos saber si hemos pecado? En la Biblia, Dios nos dice cómo quiere Él que vivamos. Vemos de nuevo por qué es tan importante que leamos nuestra Biblia. Usted nunca sabrá si ha fallado en acertar al blanco de Dios sin conocer las instrucciones claras en el "libro de reglas de Dios". La Biblia contiene y comunica los parámetros exactos de Dios para su vida.

---

Encárguese de su pecado o Dios lo hará por usted.

---

Quinto paso: *Adore con el pueblo de Dios*. Su primera prioridad como hombre cristiano es su familia física. Dios le ha hecho responsable de ser el líder espiritual de su familia. Así esto parezca intimidante, la buena noticia es que su liderazgo puede empezar con el paso fácil y hacedero de llevar su familia a la iglesia. El hecho de que usted dé un ejemplo piadoso tendrá una influencia tremenda en su familia y facilitará la participación activa de los suyos en la vida de la iglesia. ¡Así que empiece con la simple asistencia a la iglesia!

Ahora bien, la asistencia fiel a la iglesia solo es el comienzo de su influencia. Usted también tiene una responsabilidad con su familia espiritual, es decir, con la iglesia o el cuerpo de Cristo. Usted lleva a su familia para *adorar a Dios* en la iglesia, pero usted y yo estamos llamados a asistir a la iglesia para *servir al pueblo de Dios*. Este servicio consiste en el uso de nuestros dones espirituales. Los dones espirituales son habilidades dadas por Dios que Él nos confía al salvarnos y que deben usarse para ministrar a otros en la iglesia. En 1 Co. 12:7 Pablo dice que los dones espirituales de cada cristiano deben ser usados "para provecho" de cada miembro. Aprenderemos más en otro capítulo sobre nuestro servicio al pueblo de Dios, pero por ahora entienda que usted debe adquirir el hábito de cultivar la disciplina espiritual de adorar con el pueblo de Dios cada semana en una iglesia local y buscar oportunidades para el servicio cristiano. Su ejemplo de adoración semanal en compañía del pueblo de Dios tendrá un efecto profundo en los demás y para empezar en su propia familia.

---

Dios nos creó para adorarle.

---

## La disciplina y una vida de influencia

En los últimos capítulos hemos aprendido sobre el gran valor de la disciplina, y confío en que usted perciba la importancia de la disciplina en la vida de un hombre. Trátese de Lance Armstrong, el apóstol Pablo o los hombres que han influenciado su vida, la razón de su influencia es su estilo de vida disciplinado. Podríamos elaborar una lista con comentarios sobre muchas otras disciplinas espirituales que caracterizan a un hombre de disciplina e influencia, como la meditación, el ayuno, el diezmo y las ofrendas. No obstante, un buen comienzo para usted es adquirir las disciplinas de leer su Biblia, orar, tratar el pecado y asistir a la iglesia. Vamos a continuar ahora con un estudio de la manera como la disciplina se manifiesta en ocho áreas fundamentales en la vida de un hombre. Antes de hacerlo, me gustaría darle un pensamiento final acerca de la disciplina:

> Aunque el fracaso en algunos casos puede ser resultado de limitaciones en la capacidad, con demasiada reiteración las deficiencias no radican en las aptitudes naturales sino en el carácter. A muchos les falta la capacidad para aplicarse a algo con disciplina. Tal vez tengan un comienzo prometedor, pero no la disciplina para consumar sus proyectos e intenciones. Así la buena suerte o

el "empuje" del hombre indisciplinado le permita alcanzar una posición de influencia, será incapaz de mantenerla porque carece de la preparación interior necesaria. Colapsa bajo el peso de la responsabilidad, la presión y la complejidad de los detalles. Le falta la fuerza del liderazgo, la plenitud del conocimiento y la sanidad de juicio que solo pueden construirse pieza por pieza durante años de esfuerzo concienzudo.[24]

## *La naturaleza de la disciplina*

- La disciplina es un asunto espiritual: *Todas las cosas* deben hacerse para la gloria de Dios (1 Co. 10:31).
- La disciplina no tiene atajos ni resultados rápidos.
- La disciplina no es acumulable, el dominio propio y el esfuerzo personal deben renovarse al día siguiente.
- La disciplina empieza con cosas pequeñas, como la recolección y limpieza de su ropa sucia.
- La disciplina aborda tareas difíciles, lo fácil requiere poco esfuerzo.
- La disciplina empieza con esta mentalidad: "Lo haré".
- La disciplina procede con un mandato: "Debo hacerlo".
- La disciplina nunca se distrae: "Esto es lo que debo hacer".
- La disciplina nunca se va de vacaciones, dura toda la vida.
- La disciplina es dinámica y flexible porque el crecimiento requiere nuevas disciplinas para enfrentar los siguientes retos de la vida.

*El valor verdadero de su vida y el alcance de su influencia dependerán de cómo desarrolle usted su vida, de cómo aprovecha la "materia prima". Las metas pueden ayudarle a vivir en la práctica aquella potencialidad que Dios ha depositado en usted.*

–Jim George

9

# Adopción de metas para toda la vida

*...me esforcé a predicar el evangelio,*
*no donde Cristo ya hubiese sido nombrado.*
—Romanos 15:20

La aspiración es una cosa buena para nosotros como hombres. ¿Recuerda que usted de niño soñaba en convertirse en bombero, policía, un gran atleta, un astronauta, un científico o un piloto de combate aéreo (ese era mi sueño)? Sin importar que estos sueños se hayan o no hecho realidad en este punto de su vida, lo cierto es que los sueños no solo son para los niños o los jóvenes. Sin importar nuestra edad o temporada en la vida, necesitamos tener una pasión, un deseo profundo, un enfoque y una dirección para nuestra vida. Necesitamos preguntarnos todo el tiempo: ¿Hacia dónde voy con mi vida? ¿Vivo conforme a las prioridades correctas para mi vida? ¿Las cosas que hago hoy van a tener una influencia positiva y duradera en otros?

Una clave para responder estas preguntas es entender como un hombre cristiano lo que significa tener una ambición piadosa. Usted y yo necesitamos saber qué pide Dios de cada uno de nosotros como hombre cristiano (y como esposo cristiano si somos casados, como padre cristiano si tenemos hijos, al igual que en todo lo demás).

Tan pronto conozcamos el llamado de Dios para nosotros, podemos definir y adoptar metas correctas que nos ayudarán a desarrollar una vida de influencia para la gloria de Dios.

## La necesidad de ambición piadosa

La ambición puede ser positiva o negativa. Estoy seguro de que usted ha visto a personas ambiciosas que se las arreglaron por todos los medios para llegar a la cima y en el proceso dejaron las marcas de sus garras tras haber pasado por encima de usted y otros a quienes usaron como peldaños para alcanzar sus metas personales.

Por supuesto, esta no es la clase de ambición de la que queremos hablar en este capítulo. No, aquí queremos aprender sobre la ambición *piadosa*. ¿A qué me refiero con esto de ambición piadosa? Esta ambición consiste en el deseo de servir a Dios e invertir nuestra vida y energías en el cumplimiento de su voluntad (considere los comentarios de Dios acerca del rey David en Hch. 13:22). Un hombre de influencia tiene metas y ambición, pero esas metas y esa ambición no son para él mismo. El hombre de Dios se esfuerza de manera única y exclusiva para la gloria de Dios y el bien de los demás.

Pablo es un ejemplo perfecto de un hombre con ambición piadosa. Desde el día en que recibió su comisión de parte de Dios para ir a los gentiles (Hch. 22:21), fue incansable en su impulso. Ese empuje individual estaba enfocado en la voluntad de Dios, como es evidente en sus palabras: "iré pronto a vosotros, si el Señor quiere" y "sé que cuando vaya a vosotros, llegaré con abundancia de la bendición del evangelio de Cristo" (1 Co. 4:19 y Ro. 15:29).

La ambición de Pablo era predicar el evangelio. Por esa razón reclutó y adiestró a otros que participaron en la realización de esta meta, de tal manera que su influencia se esparció a muchas regiones del mundo. Al escribir a sus amigos en Roma, les contó sobre su deseo de ir a lugares donde otros no habían llegado todavía. ¿Por qué? Porque quería influenciar a otros con el evangelio de Jesucristo. Con gran valentía escribió: "de esta manera me esforcé a predicar el evangelio, no donde Cristo ya hubiese sido nombrado" (Ro.

15:20). La labor del evangelismo se llevó a cabo y la voluntad de Dios se cumplió a perfección porque Pablo había alineado su ambición con el llamado de Dios para su vida. En el tiempo debido, Pablo deseaba testificar en España y viajar allá con la ayuda de sus amigos en Roma.

El ejemplo de Pablo nos muestra que la voluntad de Dios puede incorporarse a nuestras metas y convertirse en parte de nuestra vida si de verdad queremos influenciar a otros para bien. Creo que esto es parte de lo que Pablo tuvo en mente al decir: "Sed imitadores de mí, así como yo de Cristo" (1 Co. 11:1). Sigamos el ejemplo de Pablo y coloquemos nuestra ambición en línea con la voluntad de Dios.

## Algunos beneficios de tener metas

¿Cuáles son sus metas en la vida? ¿Ya las ha definido? Usted descubrirá que pueden ayudarle de muchas maneras. Por ejemplo...

- *Las metas dan definición.* Las metas cambian sus pensamientos para que dejen de ser sueños efímeros y se conviertan en una realidad concreta. Las metas son declaraciones acerca del futuro, lo que usted cree que podría ser la voluntad de Dios para usted. Las metas pueden traer ese futuro al presente (si el Señor quiere o si es la voluntad del Señor), para que usted pueda hacer en la actualidad algo acerca del futuro de Dios en su vida.
- *Las metas dan enfoque.* Los hombres tienden a mantenerse ocupados en tantas cosas pequeñas que no les queda tiempo para enfocarse en las cosas grandes y las áreas importantes de la vida. Eso no le pasó a Pablo, ¡ni a usted si sigue su ejemplo! El apóstol declaró en Fil. 3:13: "pero una cosa hago". Asegúrese que su frase favorita no sea: "Me gusta probar y hacer *muchas* cosas".
- *Las metas dan motivación.* Las metas son unas de las fuerzas motrices más poderosas que usted puede tener en su vida. Son lo que le hace salir de la cama a las 5 de la mañana. Le ayudan a emocionarse y avanzar cada vez que se sienta

tentado a decaer. Lea lo que cierto caballero dijo sobre el poder de las metas para motivarle:

> Al observar la vida de personas que se han sobrepuesto a la adversidad, he notado en reiteradas ocasiones que se caracterizan por haber establecido metas que procuraron cumplir con todos sus esfuerzos y sin importar los obstáculos. Desde el momento en que fijaron un objetivo en su mente y decidieron concentrar toda su energía en una meta específica, empezaron a superar los impedimentos más difíciles.[25]

¡Este gran poder puede ser suyo! Le ayudará a establecer metas con base en lo que usted cree ser la voluntad de Dios, y permitirá que el poder del Espíritu Santo obre a través de usted al disponerse a servir a Dios y los demás.

- *Las metas ayudan en el proceso de tomar decisiones.* ¿Cómo toma usted decisiones? Sin metas, lo más probable es que sus decisiones sean influenciadas por las exigencias de otros o porque se han agotado los recursos y no queda otra opción, o en el afán del momento porque usted es incapaz de pensar en una buena razón para decir no. En cambio, con las metas basadas en la voluntad de Dios para su vida, usted tendrá mucho mejor idea de cómo tomar las mejores decisiones.
- *Las metas le ayudan a desarrollar su vida e influencia.* Leí en cierta ocasión sobre un artículo de "Créalo o no" de Ripley en el que se incluía la imagen de una barra de hierro común con valor de unos cinco dólares. Según el artículo, si la misma barra de hierro se convirtiera en herraduras valdría unos 50 dólares, pero si fuera transformada en agujas el valor ascendería a 5.000 dólares. Ahora bien, si la misma barra de hierro se transformara en resortes minúsculos para las partes mecánicas de los relojes suizos, tendría un valor aproximado de 50.000 dólares. El punto de la anécdota era que la materia prima gana valor de acuerdo con el desarrollo que decida aplicársele.

Amigo mío, Dios nos ha creado a usted y a mí en su propia imagen. Ese simple hecho define por completo nuestra "estima" y nuestro "valor". Aunque todavía necesitamos ser trabajados porque seguimos en la etapa de "materia prima", lo cierto es que tenemos una gran potencialidad que debe ser desarrollada. Para aprovechar al máximo nuestra "materia prima", adoptamos metas como parte importante del proceso. ¿Está dispuesto a aceptar el reto de desarrollar su vida e influencia?

Amado hombre de Dios, las metas son importantes y deberían ser una parte permanente y en constante desarrollo de lo que Dios quiere hacer en su vida. Como hombre cristiano, ¿busca usted la dirección de Dios y establece metas en su vida para su familia, su trabajo y su crecimiento personal? Estoy seguro de que ha oído el dicho popular: "Apúntele a cualquier cosa y acertará en cada intento". No se desplace por la vida sin una ruta, una brújula y una causa. El bienestar de otras personas depende de su liderazgo, así que apunte con cuidado, fije sus metas ¡y dé en el blanco! Haga la diferencia y deje una huella inolvidable. Asegúrese de que al morir la gente sepa que usted pasó por este planeta.

## Ocho áreas de la vida que requieren metas

Una vez que usted entienda que la vida es "neblina" (Stg. 4:14) y que pronto pasará, la determinación de nuestras prioridades se torna más urgente. ¿Le hace esto preguntarse en qué prioridades debería enfocarse? Si es así, me alegro por usted. ¿Por qué? Porque el 97 por ciento de los adultos nunca colocan por escrito las metas de su vida. Amigo mío, quiero que usted sea parte del 3 por ciento de personas que sí lo hacen.

Creo que usted y yo podemos concentrar nuestras prioridades en ocho áreas principales. Empezaremos con dos de las áreas en este capítulo y terminaremos la lista en los dos capítulos siguientes. Al empezar, le reto a evaluar en oración estas ocho áreas de su vida. Pida a Dios que le muestre cualquier debilidad que requiere atención inmediata y pídale que le muestre las metas que necesita adoptar en estas áreas.

1. *Espiritual.* Tal vez piense que sueno ya como un disco rayado. Creo que tiene razón, pero su salud espiritual es la clave y el secreto para convertirse en un hombre de influencia. Como aprendimos antes, este es el punto de partida para una vida de influencia. Usted no puede impartir a otros lo que no posee en sí mismo, y lo más importante que podemos impartir a otros es una vida vibrante y creciente en Cristo.

Usted y yo también debemos darnos cuenta de que el crecimiento espiritual no es opcional. Las Escrituras nos mandan crecer en gracia y conocimiento (2 P. 3:18). Si usted ha empezado a trabajar en esta área de su vida, le conviene incrementar sus esfuerzos. El ejercicio espiritual, como el ejercicio físico, debe ser continuo si queremos permanecer saludable. Nunca podemos darnos el lujo de vivir hoy con base en la espiritualidad pasada. Estas son algunas formas en las que puede "ejercitarse" con miras a un mayor crecimiento espiritual:

- Lea su Biblia a diario.
- Ore todos los días por sus familiares y amigos.
- Dirija a su familia en oración y vida devocional.
- Asista con regularidad a la iglesia.
- Encuentre a un creyente maduro que le discipule.

¿Le preocupa que sacar el tiempo necesario para enfocarse en estas disciplinas espirituales afecte otras áreas de su vida? Eso nunca sucederá. ¿Por qué? Porque si usted cuida su vida espiritual todos los demás aspectos de su vida quedarán en el lugar correcto. El famoso escritor C. S. Lewis hizo esta observación: "Apunte al cielo y recibirá la tierra de añadidura".

2. *Mental.* Se dice que la mente humana es desperdiciada por la mayoría de seres humanos. Su mente es como sus músculos. Si usted usa sus músculos aumentará su fortaleza física. Si usted usa su mente aumentará en capacidades mentales. Según estadísticas

que he leído, el adulto promedio ve televisión unas seis horas al día. ¡Qué desperdicio tan terrible! Mirar esa cantidad de televisión jamás nos ayudará a convertirnos en hombres de influencia. La Biblia nos manda a ser transformados "por medio de la renovación de [nuestro] entendimiento" a fin de que podamos conocer y hacer la voluntad de Dios (Ro. 12:2).

¿Cómo podemos desarrollar nuestra mente? La mejor manera es por medio de la lectura. Voy a hacer aquí una afirmación enérgica y creo que si lo piensa con cuidado usted se dará cuenta de que es muy cierta. *Usted nunca será el director en alguna área de su vida si no es un lector sobre ese aspecto de su vida. Nunca será líder en su familia, su trabajo, su iglesia o su comunidad si no es un buen lector.* ¡Así de sencillo!

¿Por qué hago una afirmación tan radical? En primer lugar, he visto que es justo lo que sucede en la vida de muchos hombres. En segundo lugar, si usted no es un lector que se mantiene siempre bien informado, tenderá a depender más de los demás para recibir ayuda en ciertos temas o situaciones.

Ahora bien, cierto nivel de dependencia no es problemático porque todos podemos beneficiarnos de los que tienen más conocimiento en ciertas áreas, como un pastor que puede enseñarnos la Biblia, o un banquero que puede darnos asesoramiento financiero de mucha importancia. Sin embargo, hay muchas cosas mundanas o dañinas sobre las que queremos que otros nos cuenten, y estas pueden hacer que seamos "conformados" al patrón de este mundo (Ro. 12:2), como Pablo dijo. Lo cierto es que no debemos conformarnos sino más bien transformarnos "por medio de la renovación de [nuestro] entendimiento" (Ro. 12:2). La mejor manera de renovar nuestra mente es con el crecimiento mental que viene como resultado de alimentarnos con las verdades de la Palabra de Dios.

A medida que crecemos en nuestra vida espiritual, nuestra mente también crece y es transformada. De esa manera podremos "comprobar" y conocer la buena voluntad de Dios (Ro. 12:2). Usted madura a medida que se ejercita todo el tiempo para tener "los sentidos ejercitados en el discernimiento del bien y del mal" (He.

5:14). Asimismo, esto le ayudará a responder preguntas importantes como: ¿Cuál es la voluntad de Dios para mí y mi familia? ¿Qué es bueno y qué es malo?

Ahora bien, ¿cómo puede usted convertirse en este hombre, este hombre de gran influencia espiritual y mental? Empiece con la lectura de un libro, el libro por excelencia, la Biblia. Después seleccione un libro sobre una de las ocho áreas principales de la vida y empiece a leerlo. Empiece a aprender y a experimentar crecimiento espiritual y mental. Empiece a ejercer una influencia. Empiece a crear una vida de influencia piadosa y a vivir una vida de peso duradero. Con el paso del tiempo, usted puede leer otros libros que le ayuden a crecer y fortalecerse en las ocho áreas que estudiamos en este y los dos capítulos siguientes.

*Nos compete saber cuáles son los propósitos que buscamos cumplir en la vida. Así, como arqueros que apuntan a un blanco definido, tendremos mayor probabilidad de alcanzar lo que queremos.*

–Aristóteles

10

# Definición de su propósito

*una cosa hago:*
*olvidando ciertamente lo que queda atrás,*
*y extendiéndome a lo que está delante,*
*prosigo a la meta...*
—Filipenses 3:13-14

El 31 de agosto de 1974 fue un día que marcó el calendario de mi vida. Fue el día en que mi esposa y yo nos sentamos a escribir algunas metas para el resto de nuestra vida. Hasta ese día, yo había saltado de un lado para otro sin progreso significativo y con muy pocos logros en el área de la influencia piadosa. Había pasado los primeros 30 años de mi vida en el cumplimiento de un deseo tras otro, casi siempre sin tener a Dios en mente.

Después, en aquella tarde de domingo que cambió mi vida, decidí que necesitaba pedirle a Dios que nos diera sabiduría a Elizabeth y a mí en la definición de nuestras metas. Esperábamos que estas metas estuvieran alineadas con su voluntad para nuestra vida. Hoy día, casi 30 años después, tanto mi esposa como yo conducimos nuestra vida de acuerdo con esas metas que fueron escritas con corazones llenos de esperanza, metas que han simplificado nuestro enfoque en la vida, metas que me han permitido influir no solo en mi esposa y mis hijos sino también en hermanos y hermanas en la fe en mi iglesia local y en la comunidad cristiana a escala nacional e internacional.

¿Por qué son tan importantes las metas para convertirse en un hombre de influencia? Porque nos ayudan a definir nuestro propósito. Porque usted y yo como "almas nacidas en el cielo no podemos, sin gran peligro para nuestra vida, contentarnos con la pérdida de la más pequeña porción de la voluntad del Maestro"[26] y su propósito para nuestra vida. Es verdad que el más pobre de todos los hombres no es el que carezca de *metal* precioso sino el que no se haya fijado una *meta*. Como aprendí de mi propia experiencia, la vida de un hombre sin metas carece de significado y propósito. Es un hombre con pocas razones para vivir y su influencia es inexistente. En cambio, las metas nos dan dirección, propósito y nos ayudan a utilizar mejor nuestro tiempo y energía, lo cual nos convierte en hombres de influencia eficaz.

## Ocho áreas de la vida que requieren metas

En el capítulo anterior discutimos dos de las ocho áreas de la vida en las que deberíamos tener metas: Las esferas *espiritual* y *mental*. Sigamos adelante para considerar otras áreas en este capítulo.

3. *Física*. Vince Lombardi dijo: "La fatiga nos vuelve cobardes a todos". Este entrenador legendario del equipo de fútbol norteamericano "Green Bay Packers" sabía muy bien que el ejercicio físico es provechoso, así sea solo un poco (1 Ti. 4:8). El apóstol Pablo estaría de acuerdo con él porque escribió las palabras en ese versículo para reconocer la importancia de la disciplina física.

Estoy seguro de que usted sabe que la gente en los Estados Unidos es reconocida en el mundo entero por su indulgencia en muchos sentidos, incluido el aspecto físico de la existencia. La persona promedio en los Estados Unidos se caracteriza por tener por lo menos 8 kilos de sobrepeso y una necesidad desesperada de ejercicio físico. Sin embargo, como hombre de influencia usted debe entender tres verdades:

—su cuerpo es suyo solo por la *mayordomía* delegada por Dios,
—su cuerpo es el *templo* del Espíritu Santo, y
—su cuerpo existe para *glorificar* a Dios (1 Co. 6:19-20).

¿Por qué no le da una mirada al espejo? ¿Cómo le va con su mayordomía del templo de Dios que es su cuerpo? ¿Sabe cuánto pesa hoy? ¿Cuándo fue la última vez que hizo algún ejercicio físico (aparte de caminar hacia la nevera para preparar otro emparedado)? A Dios le interesa su cuerpo y su salud, por eso usted necesita tomar responsabilidad por su cuidado físico. Incluyo a continuación algunas medidas beneficiosas. Note que las primeras dos también se aplican a su vida espiritual:

- *Cuídese del pecado.* La Biblia nos dice en Sal. 32:3-5 lo que sucedió con la vida física de David como resultado de no confesar su pecado. Su cuerpo sufrió, sus huesos se desgastaron y sufrió noche y día mientras su fortaleza se desvanecía.
- *Ande en el Espíritu.* Un aspecto del "fruto del Espíritu" que usted disfruta si camina en obediencia a la Palabra de Dios es la "templanza" o dominio propio (Gá. 5:22-23). Esa templanza nos capacita para tener mejor cuidado de nuestro cuerpo.
- *Observe su peso todos los días.* Si está lejos de su peso ideal, haga todo lo necesario para que la flecha apunte en la dirección correcta mediante el cumplimiento de la siguiente medida.
- *Vigile su comida.* Pablo dijo que golpeaba su cuerpo y lo ponía en servidumbre. Nada podría estar más lejos de esto que la práctica de comer hasta hartarse (1 Co. 9:27), por esa razón usted debe observar con atención la calidad y la cantidad de la comida que ingiere (Dn. 1:12-15).
- *Haga ejercicio frecuente.* Incorpore alguna actividad física en su horario porque es de provecho como dijo Pablo en 1 Timoteo 4:8.
- *Mejore su mayordomía.* Usted no es su propio dueño y su

cuerpo no es posesión suya. Usted fue comprado con un precio muy alto por Jesucristo, por eso debe ser un buen mayordomo del cuerpo (1 Co. 6:19-20).

- *Usted es lo que ve.* Entienda que su apariencia física externa refleja su condición espiritual interna. Una imagen vale más que mil palabras, ¿le gusta lo que ve?
- *Gane la batalla.* Uno de los secretos para la influencia duradera de Pablo en su vida y ministerio se encuentra en este grito de batalla acerca de su cuerpo: "[lo] golpeo... y lo pongo en servidumbre" (1 Co. 9:27). Pablo veía su propio cuerpo como un oponente al que debía conquistar como fuera, de lo contrario sería descalificado. ¿Quién gana la batalla por su cuerpo, usted o sus impulsos?

He seguido durante mucho tiempo las vidas de líderes en todos los campos y el estudio del liderazgo varonil se ha convertido en una pasión personal. En cuanto al área física me gusta en particular la observación del presidente estadounidense Harry S. Truman, un político bastante serio de Missouri: "En mi lectura sobre la vida de grandes hombres, he descubierto que la primera victoria que ganaron fue sobre ellos mismos. La disciplina personal siempre estuvo a la cabecera en su lista de prioridades". Un hombre de influencia duradera se caracteriza por ser un hombre de disciplina física y personal bastante rigurosa. ¡Que usted y yo seamos esa clase de hombre!

4. *Social.* Antes de que se forme una impresión errónea, permítame aclarar que al usar la palabra *social* no me refiero a las fiestas y reuniones sociales. No, me refiero a sus relaciones personales. Usted y yo estamos en contacto constante con diferentes personas en casa, en el trabajo, en la iglesia, en la comunidad y demás. Si queremos tener buena influencia sobre los demás, debemos cuidarnos mucho para no terminar con demasiadas amistades que no convengan y sin suficientes relaciones beneficiosas. Debemos influenciar a la gente en lugar de ser influenciados por las personas erróneas.

La pregunta es ahora: ¿Cómo determina usted el nivel de importancia de estos contactos? Es más, también necesitamos establecer la prioridad de nuestros contactos y ponerlos en el orden correcto. Para asegurarse de hacerlo bien, entienda que existen cuatro diferentes tipos o niveles de personas a quienes usted debe influenciar.

Nivel 1: *Su familia*. Después de su relación con Jesucristo, la familia es su prioridad máxima. Nunca sacrifique su relación con su familia por otras relaciones. Cristo dijo: "¿qué aprovechará al hombre, si ganare todo el mundo, y perdiere su alma?" (Mt. 16:26). En cuanto a mi familia, aplico las palabras de Cristo de esta manera: "¿qué aprovechará el hombre que gane el mundo entero y pierda su *familia*?" Mi familia es preciosa para mí y trabajo duro todos los días para asegurarme que sean mi prioridad, incluso ahora que ya han crecido y salido del hogar.

Nivel 2: *Sus amigos*. Los amigos son un regalo del Señor. Usted debería cultivar amistades sanas con otros hombres cristianos que le animarán en su fe y le darán buenos consejos. La Biblia dice: "Hierro con hierro se aguza; y así el hombre aguza el rostro de su amigo" (Pr. 27:17). Mi amigo, esta es la clase de *amigos* que usted necesita. ¿Qué aspecto tiene una amistad de este calibre? Jonatán y David nos ofrecen un modelo a seguir y un estudio excelente sobre el amor fraternal y la amistad (véase 1 S. 18 y 20). Estos dos hombres de influencia...

> se sometieron a la misma autoridad,
> conocían al mismo Dios,
> iban por el mismo camino,
> anhelaban las mismas cosas,
> soñaban sueños comunes,
> y anhelaban las mismas experiencias
> de santidad y adoración.[27]

En lo referente a sus amistades tengo que decir lo siguiente (aunque sobre decirlo): Usted debe tener cautela extrema en su contacto con cualquier mujer que no sea su esposa. Un hombre casado no debería mantener con una mujer la clase de amistad que puede tener con otros hombres. Existe un peligro demasiado grande de que una relación así termine en algo más que una amistad. La Biblia dice que si un hombre se siente atraído a una mujer que no es su esposa, juega con "fuego en su seno" (Pr. 6:27-29). Mi hermano, si esto le llevar a suceder ¡va a terminar quemado!

Nivel 3: *Sus compañeros de trabajo.* Usted trabaja junto a otras personas todos los días, y si quiere ser un hombre de influencia, estará dispuesto a hacer un esfuerzo para establecer buenas relaciones con sus compañeros de trabajo. Así, cuanto más se acerquen a usted, ellos podrán ver con más claridad la imagen de Jesucristo estampada en su vida. Recuerde que sin hacer contacto no se puede ejercer influencia. En esta área también debe vigilar con cuidado el nivel de su interacción con las mujeres.

Nivel 4: *Vecinos y extraños.* Sea amistoso y amigable con todas las personas a quienes encuentre en el camino. Ofrezca una sonrisa, una palabra de ánimo, una mano de ayuda. Muéstreles el amor de Cristo, sea un buen vecino y prójimo. Esto se aplica por igual a vecinos y compañeros de trabajo, ya que sin establecer buen contacto usted nunca podrá ejercer una influencia positiva.

En lo referente a su vida social, esté dispuesto a ir hasta el fin del mundo si es necesario, para establecer aquellas relaciones que le ayudarán a progresar en su vida cristiana. De igual modo, evite a todo costo, como si fuera una plaga, a cualquier persona que pueda arrastrarle y corromperle (1 Co. 15:33).

5. *Vocacional.* En el libro de Génesis aprendemos acerca del

principio de todas las cosas, incluido el trabajo. Leemos allí lo siguiente: "Tomó, pues, Jehová Dios al hombre, y lo puso en el huerto de Edén, para que lo labrara y lo guardase" (Gn. 2:15). ¿Se da cuenta usted de que esto tuvo lugar antes de la caída de la humanidad en el pecado? Esto significa que, contrario a la creencia popular, el trabajo no es una parte de la maldición. Aunque Dios dijo tras la caída del hombre que nuestro trabajo sería más dificultoso, Él todavía quiere que usted y yo como sus hombres, trabajemos y le glorifiquemos con nuestra laboriosidad (1 Co. 10:31). ¿Cómo puede usted, un hombre de influencia, glorificar a Dios en su trabajo?

- Al proveer para su familia (1 Ti. 5:8).
- Al tratar su trabajo como un llamado de Dios (Gn. 2:15).
- Con sus esfuerzos por la excelencia (Col. 3:23-24).
- Con el contentamiento (1 Ti. 6:8).
- Mediante la sumisión a su empleador (Ef. 6:5-8).
- A través del servicio a los demás (Gá. 5:18).
- Al ser un buen testimonio con su vida (2 Co. 3:2).

La calidad de su influencia está determinada por la calidad de su trabajo. Por esa razón, amigo mío, haga su trabajo "de corazón, como" si trabajara "para el Señor" (Col. 3:23).

## La definición de su propósito

Sí, el 31 de agosto de 1974 fue un día inolvidable porque mi vida se ha desplazado desde entonces a la velocidad de la luz y siempre en la dirección correcta, ¡sin detenerse ni un solo instante! ¿Por qué? Porque por primera vez en mi vida adopté un propósito que iba mucho más allá de mí. Las metas que escribí me llevaron de ser un receptor absorbente a un recurso disponible. Quiero decirle que en el pasado, mis deseos egoístas no trascendían la esfera individual, pero tan pronto empecé a planear mi vida para la gloria de Dios y de acuerdo con su Palabra, me vi a mí mismo como alguien que podía ayudar a otros y ser un recurso para Dios en sus vidas.

Ahora debo preguntarle: ¿Cuál es su propósito? ¿Ha escrito algunas metas que definen su propósito en la vida? Si no es así, nunca es demasiado tarde para empezar. La definición de su propósito mediante la adopción de metas renovará su vida y la convertirá en un instrumento que Dios puede usar para su gloria.

Antes de proseguir a otro capítulo para mirar otras áreas de nuestra vida en las que debemos adoptar metas. Quiero animarle con esta lista de los beneficios que podemos disfrutar si nos fijamos metas.

- Las metas nos ayudan a definir el propósito de nuestra vida.
- Las metas contribuyen a una vida fructífera y productiva.
- Las metas le ayudan a determinar un enfoque específico en su vida.
- Las metas le motivan e impulsan cada día.
- Las metas demuestran la buena mayordomía de su vida.
- Las metas permiten diseñar una vida de influencia.

*¿Qué tan lejos quiere llegar en la vida? ¿Cómo tiene planeado hacerlo? ¿Las funciones que usted desempeña en la actualidad contribuyen a esa meta? ¿Qué es en realidad importante entre todo lo que usted hace? ¿Qué es lo que hace solo para pasar el tiempo? En la definición de sus funciones más importantes, conserve las que le permiten avanzar en la realización de sus metas y elimine las inútiles o innecesarias. Su problema puede ser que tiene demasiadas funciones buenas, pero usted no se puede dar el lujo de hacer más de lo que pueda manejar bien.*[28]

11

# Puesta en práctica del plan de Dios

*Procura con diligencia presentarte a Dios aprobado, como obrero que no tiene de qué avergonzarse.*
—2 Timoteo 2:15

Solo me demoré dos horas, pero al terminar ya tenía una serie estupenda de metas para mi vida. Me refiero al día inolvidable que describí en el capítulo anterior. Pues bien, poner por escrito las metas fue la parte fácil. Después transcurrieron 30 años para ponerlas en práctica. Como mencioné en ese capítulo, las metas requieren de buena mayordomía. Tan pronto puse por escrito lo que creí que Dios hacía en mi vida así como lo que Él quería que yo hiciera (también lo que soñaba hacer por Él), quedé obligado a cumplir un deber específico de mayordomía sobre ello. Al igual que Timoteo en el versículo citado en el título de arriba, recibí el reto de presentarme a Dios como un mayordomo aprobado de la vida que Él me había otorgado.

El deseo de mi corazón es ser un obrero que no tendrá de qué avergonzarse cuando me presente ante el Señor un día, y estoy seguro de que usted piensa lo mismo. Por eso me pregunto: *¿Cuál es la mejor manera de ser aprobado como obrero?* Creo que hacer esta pregunta es un buen primer paso tanto para usted como para mí.

Al responderla podremos dar el siguiente paso y desarrollar metas que reflejen este deseo de ser un obrero aprobado. Después de esto podemos proceder a poner en práctica el plan de Dios.

Todo esto será posible tan pronto conozcamos las áreas de nuestra vida en las cuales necesitamos adoptar metas. Hasta ahora hemos cubierto las áreas espiritual, mental, física, social y vocacional de nuestra vida. Consideremos ahora las últimas tres áreas: finanzas, familia y ministerio. Recuerde que así como es importante entender el plan de Dios para su vida mediante la adopción de metas, es crucial que usted viva a diario conforme al plan de Dios. ¡Ese es uno de los secretos de una vida de influencia!

## Ocho áreas de la vida que requieren metas

6. *Finanzas.* ¿Recuerda lo que dije sobre la enseñanza que recibí de mi padre acerca del ahorro? También me enseñó a administrar el dinero que ganaba, e incluso establecimos un acuerdo bajo estos términos: él me daría de su bolsillo la cantidad equivalente a todo lo que yo ahorrara de mis sueldos semanales durante mi trabajo en la secundaria. ¡Qué buen trato! Créame, en muy poco tiempo adquirí la costumbre de trabajar duro, ir al banco cada semana y depositar cierta cantidad del dinero que había ganado en mi cuenta de ahorros. Después, en intervalos regulares mi padre añadía su porción equivalente. Fue el primer programa de remuneración laboral que tuve en mi vida, mi padre me enseñó a ahorrar y lo hizo muy bien.

No puedo dejar sin mencionar a mi maravillosa madre cristiana, quien también ejerció gran influencia en mi vida. Mientras mi padre me enseñaba a ahorrar, mi madre me enseñó a dar. Ella citaba con frecuencia las palabras de Jesús: "donde esté vuestro tesoro, allí estará también vuestro corazón" (Mt. 6:21). Su frase preferida era: "¡A Dios nadie le gana en generosidad!"

Estoy seguro de que no le sorprenderá saber que vivimos en una sociedad muy materialista, y si usted y yo no somos cuidadosos, podemos quedar atrapados en el egocentrismo del materialismo. La mejor manera de evitar esta maldición de nuestra cultura es practicar las disciplinas gemelas de ahorrar y dar. Ambas disciplinas benefician a otras personas, no a nosotros mismos.

Estas dos disciplinas, el ahorro y la generosidad, me han servido muy bien en el transcurso de los años. Con el dinero que he mantenido en una cuenta de ahorros, mi familia y yo estamos preparados para cualquier imprevisto y créame, hemos tenido que utilizar esos fondos en más de una ocasión. Además, al contribuir con generosidad y sacrificio a las causas de Dios, ayudo a otros en la actualidad y acumulo tesoros en el cielo (Mt. 6:20).

A continuación presento cinco recomendaciones para el manejo de sus finanzas, y note por favor la conexión entre su vida espiritual y su vida financiera.

*Equilibrio.* El escritor de Proverbios pidió esto a Dios: "No me des pobreza ni riquezas; manténme del pan necesario". ¿Por qué? "No sea que me sacie, y te niegue, y diga: ¿Quién es Jehová? O que siendo pobre, hurte, y blasfeme el nombre de mi Dios" (Pr. 30:8-9). No demasiado y no muy poco. Esta es la clase de equilibrio que necesitamos en nuestras finanzas.

*Confianza.* Uno de mis problemas más grandes, y estoy seguro de que usted se identificará conmigo, es la confianza. *¿Puedo confiar mi vida y mis finanzas a Dios?* Jesús nos da la respuesta: "No os afanéis por vuestra vida, qué habéis de comer o qué habéis de beber; ni por vuestro cuerpo, qué habéis de vestir" (Mt. 6:25). El escritor de Proverbios añade esta admonición: "Fíate de Jehová de todo tu corazón, y no te apoyes en tu propia prudencia" (Pr. 3:5). Amigo, ¡usted puede confiar sus finanzas al Creador de todas las cosas!

*Madurez.* ¿Qué opina si yo digo que su chequera revela lo que hay en su corazón? ¿Que su manera particular de manejar el dinero es un indicador de su enfoque y su madurez espiritual? Pues bien, ¡es cierto! Considere por un momento su chequera o el balance de su tarjeta de crédito. ¿Qué es lo que muestra? ¿Muchos gastos destinados a placeres, aficiones o cosas personales? ¿O grandes sumas de dinero dadas a Dios para su obra? Se ha dicho que la diferencia entre un niño y un hombre es el tamaño y el valor de sus juguetes. Recuerde siempre que...

— Su forma de utilizar los recursos financieros revela a quién sirve usted.
— "Ninguno puede servir a dos señores" (Mt. 6:24).
— "No podéis servir a Dios y a las riquezas" (Mt. 6:24).
— El enfoque de sus finanzas revela su corazón (Mt. 6:21).

De hecho, si usted de verdad se detiene a pensarlo, el dinero que tiene ¡ni siquiera es suyo! Es el dinero *de Dios*, y usted y yo solo somos administradores y *mayordomos* de su dinero. Tan pronto nos veamos como mayordomos del dinero de Dios, adquiriremos madurez en esta área complicada de la vida.

*Contentamiento.* En lo referente a nuestras finanzas, necesitamos seguir el ejemplo de Pablo, quien pudo decir: "en todo y por todo estoy enseñado, así para estar saciado como para tener hambre, así para tener abundancia como para padecer necesidad" (Fil. 4:12). Trate de decir *no* a las "cosas" y de contentarse con lo que tiene. Trate de alegrarse por la gente que tiene más o mejores posesiones que usted. Trate de contentarse con tener "sustento y abrigo" (1 Ti. 6:8) y trate de contentarse con "la piedad" (v. 6). Amigo mío, esto representa una "gran ganancia" tanto en las finanzas como en su vida espiritual (v. 8).

*Presupuesto.* Si usted establece y mantiene un presupuesto, ejerce dominio propio o "templanza" que es parte del fruto del Espíritu (Gá. 5:22). Un presupuesto es un plan de batalla para contrarrestar los atractivos de nuestra sociedad que vive en función de satisfacer toda clase de necesidades y caprichos. Pregunte a cualquier asesor financiero cuál es el primer paso hacia la libertad económica, y me sorprendería mucho si la respuesta no es: "¡Haga un presupuesto y cúmplalo!"

7. *Familia.* Comenté con anterioridad que su prioridad más

grande después de su relación con Dios es la relación con su familia. Si usted es casado, esa prioridad empieza con su esposa. Si usted enfoca su amor y atención en ella, todas las demás relaciones familiares estarán en el lugar correcto. Su relación con su esposa empieza con su relación con Dios, quien es su prioridad máxima. Si usted tiene una relación viva y creciente con Dios, tendrá el amor del Espíritu en toda su plenitud y podrá construir una relación viva y emocionante con su esposa. Si usted ama a Dios, su amor por su esposa y su familia será una realidad natural, ¡qué buen trato!

¿Cómo demostramos el amor de Dios? Usted y yo necesitamos hacer algo todos los días para mostrar nuestro amor. No tiene que ser mucho, los detalles pequeños recorren grandes distancias. Si su relación con su esposa se parece en algo a la mía, un poco de iniciativa recibirá mucha apreciación. Le propongo dos ideas que pueden ser un buen comienzo.

En primer lugar, *planee una cita con su esposa cada semana.* Encargue a alguien confiable de cuidar a los niños o a las mascotas y pasen una o dos horas en algún restaurante o cafetería para hablar sobre lo que sucedió en la semana, sus planes para el futuro, su progreso mutuo en el plan de Dios para cada uno, así como para soñar grandes sueños juntos. Ahora, si de verdad quiere dejar una buena impresión...

En segundo lugar, *ofrézcase para cuidar a los niños o arreglar la casa* mientras su esposa va de compras o toma alguna clase en la iglesia o la escuela local.

No puedo decirle la cantidad de hombres que conozco, los cuales han gozado de gran éxito en sus trabajos y en sus años de jubilación han tenido remordimiento porque descuidaron a su esposa y sus hijos mientras ascendían por la escalera de los ascensos y las promociones. Un buen comienzo es no sacrificar su relación con su esposa sobre el altar del éxito profesional y económico. Respalde esta decisión con un compromiso firme a nutrir la relación con sus hijos. Si va a ser padre algún día, tendrá que asumir la responsabilidad de ser un proveedor piadoso y protector que participa con seriedad en la vida de sus hijos, un padre que desea ser una influencia piadosa.

A propósito de influencia paternal, Theodore Epp, el famoso comunicador que empezó el programa radial "Volvamos a la Biblia" solía decir: "El hombre que tuvo mayor influencia en mi vida fue mi padre. Me enseñó cuán necesaria es la dependencia absoluta en Cristo para tener una vida cristiana útil". También George Beverly Shea, el gran solista que canta en las cruzadas de Billy Graham, atribuye a su padre la mayor influencia en su vida gracias a los consejos espirituales que le dio desde la niñez.

Hermano esposo y padre, y abuelo si acaso tiene nietos, usted puede jubilarse en la riqueza y ser el hombre más pobre de la tierra si en el proceso de enriquecerse ha perdido a su familia. Por eso, ¡cuídese muy bien! Enfóquese en las prioridades que Dios le ha dado: Dios, luego su esposa y después sus hijos. No olvide a sus padres y hónrelos también (Ef. 6:2). Nunca es demasiado tarde para poner en práctica los planes de Dios para usted. Si no ha sido la clase de esposo y padre que hemos discutido en este libro, empiece hoy mismo. Establezca algunas metas para ser el esposo amoroso que Dios quiere y el padre cuidador e influyente que Dios ha designado. Después manténgase fiel en continuar ese patrón de vida y viva conforme al plan de Dios para usted y su familia.

8. *Ministerio.* ¿Qué hacer un hombre piadoso? ¡Sirve! Eso es lo que hicieron los hombres de influencia en Hechos 6:1-6. En la iglesia primitiva surgió la necesidad de proveer comida para las viudas, así que hombres piadosos que eran "llenos del Espíritu Santo y de sabiduría", fueron designados para encargarse de las necesidades físicas de estas viudas.

Esta misma clase de servicio es la que usted y yo debemos prestar. Como creyentes en Cristo, hemos sido creados de nuevo por Dios en sentido espiritual, para servirle a Él y a su pueblo. La Biblia llama nuestro servicio "buenas obras" (Ef. 2:10), y Dios espera que nos sirvamos unos a otros en la iglesia, el cuerpo de Cristo (Gá. 6:10). La buena noticia es que el servicio y las buenas obras es un ministerio que usted puede tener hoy y ahora mismo. Usted no necesita adiestramiento para ser un siervo, ¡así que *sirva*!

Además de las buenas obras del servicio físico, como hombres de Dios también estamos llamados a descubrir y utilizar, para el bien de la iglesia, lo que la Biblia llama "dones espirituales" (1 Co. 12:1-7). Estos "dones" son la capacitación espiritual dada a los cristianos mediante el ministerio del Espíritu Santo (v. 7).

¿Cómo puede saber usted cuáles son sus dones espirituales?

- *Ore a Dios con respecto a sus dones espirituales.* Pídale sabiduría para ejercer el servicio cristiano.
- *Busque oportunidades para servir.* Sirva a cualquiera y a todos por igual. Sea fiel y nunca detenga su crecimiento espiritual. Al servir en el ministerio usted descubrirá su área de capacitación espiritual.
- *Pregunte a otros acerca de sus dones espirituales.* ¿Qué ven los demás como el fruto de su ministerio? No tenga temor de preguntar a otras personas sobre su servicio.
- *Pregúntese usted mismo.* ¿Cuáles son las áreas de servicio que usted disfruta más? ¿Qué modalidad de servicio trae mayor bendición a los demás?

Al revisar lo que he escrito sobre las ocho áreas de su vida en las que deben adoptarse metas, pienso en lo que enseñaban los griegos de la antigüedad. A ellos les interesaba el desarrollo del "hombre integral". Consideraban subdesarrollado a un hombre que fuera menos que íntegro en algún aspecto de su cuerpo, alma o espíritu. Creo que podemos afirmar sin duda alguna que fijar metas y poner en práctica el plan de Dios en estas ocho áreas no solo hará de usted un hombre completo sino también un hombre de influencia duradera.

## Establecimiento de metas para su vida

Ahora bien, amigo mío (¡y esto lo digo una vez más!), le aseguro que el haber dedicado en aquella tarde dominical un par de horas al desarrollo por escrito de una vida enfocada en una serie de metas, fue el punto crucial en que se definió el resto de mi existencia. Me estremezco al pensar en cómo habrían sido los últimos 30 años de no haber sido por ese plan concreto. Si usted no conduce ahora mismo su vida con la ayuda de algunas metas de largo plazo, mi oración es que lo hará de manera similar a como yo lo hice. Como antes practiqué la química farmacéutica, esta es mi prescripción para usted:

Ore y busque la dirección de Dios.

Defina sus metas.

Revíselas con frecuencia.

Enfóquese a diario en ellas.

Le garantizo que la definición de metas para su vida y su puesta en práctica les beneficiará a usted y a todas las personas que usted conoce. Su influencia aumentará como resultado de ello, esto ha sido cierto en mi vida y lo he visto en muchos otros. Definir y seguir esas metas por la gracia de Dios, traerá como resultado una vida de verdadera influencia.

Ahora le pregunto:

> *¿Qué clase de influencia tiene puede tener como líder en otras personas, si usted no sabe primero hacia dónde va? Un hombre de influencia sabe a dónde va y cómo llegar allí, por esa sola razón los demás le seguirán confiados y alegres.*

*Usted vive en un mundo saturado de imágenes sensuales que están a su disposición las veinticuatro horas del día, pero Dios le ofrece libertad de la esclavitud del pecado mediante la cruz de Cristo, y Él creó sus ojos y su mente con la capacidad de ser adiestrados y sometidos a control. Solo tenemos que levantarnos y andar por su poder en la senda correcta.*[29]

12

# Cómo lidiar con la tentación

*No os ha sobrevenido ninguna tentación*
*que no sea humana; pero fiel es Dios,*
*que no os dejará ser tentados*
*más de lo que podéis resistir,*
*sino que dará también juntamente*
*con la tentación la salida,*
*para que podáis soportar*
—1 Corintios 10:13

Quiero presentarle a Agustín, un hombre que vivió durante el declive del Imperio Romano (354–430 d.C.) Fue el obispo de Hipona en el norte de África. Agustín contribuyó bastante a nuestro entendimiento de la teología del Nuevo Testamento y es considerado uno de los líderes más grandes e influyentes en toda la historia de la iglesia.

Ahora bien, Agustín no fue siempre un hombre de influencia piadosa. Como Pablo, Agustín tuvo un pasado, pero a diferencia de Pablo, el pasado de Agustín fue sórdido y lleno de sensualidad, inmoralidad y escepticismo religioso. Su vida de disipación y placer conducía a una muerte segura y su influencia en los demás solo era negativa.

Como el apóstol Pablo, Agustín tuvo una conversión dramática y experimentó una reversión completa en la dirección de su vida, pero aquí está la diferencia: Pablo abandonó la vida de un fariseo meticuloso y orgulloso para acoger una vida de humildad y servicio fiel por la causa de Jesucristo. Agustín, por otro lado, dejó de ser un "mujeriego" y buscador de placeres para adoptar el ministerio en la vida cristiana, de tal modo que se convirtió en uno de los más grandes defensores de la fe ortodoxa cristiana.

La experiencia personal de Agustín con el pecado y la gracia gloriosa de Dios se ve reflejada en la intensidad y el realismo de sus escritos, a tal punto que lectores miles de años después de su muerte, como Martín Lutero que se convirtió en la fuerza motriz de la reforma protestante, han recibido una influencia profunda de este líder eclesiástico. El cambio total de su vida y sus victorias espirituales ilustran otro secreto y una cualidad importante de la vida que caracteriza a un hombre de influencia: Su manera de lidiar con la tentación.

## Dos hombres, dos decisiones, dos senderos

Existen millares de pensamientos sobre la importancia de las decisiones que se han consignado en la literatura universal. Tal vez usted haya escuchado este:

> Decisiones pequeñas determinan un hábito;
> el hábito se incorpora y moldea el carácter;
> carácter que es necesario para las decisiones grandes.

Este otro también: "La elección y no el azar es lo que determina el destino humano".

Para ver cómo se vivieron en la práctica estas verdades, quiero presentarle a dos hombres que tomaron dos decisiones y emprendieron dos senderos que condujeron a dos destinos diferentes.

Hombre #1: *Caín*. Como primogénito de Adán y Eva, Caín trajo una ofrenda a Dios al lado de su hermano Abel, y la ofrenda de cada uno fue recibida de forma distinta por Dios. Abel y su ofrenda fueron agradables al Señor mientras que Caín y su ofrenda no lo fueron (Gn. 4:1-8).

¿Qué pasó cuando Dios juzgó la ofrenda de Caín? Este hombre tuvo que optar entre dos reacciones: Podía acudir a Dios y pedir perdón con humildad, tanto por él mismo como por la naturaleza de su ofrenda, o podía enojarse con Dios a causa del rechazo. Es lamentable que Caín optara por la segunda alternativa que fue la respuesta menos noble. De inmediato, Dios advirtió a Caín sobre su actitud equivocada y las consecuencias potenciales: "el pecado está a la puerta; con todo esto, a ti será su deseo, y tú te enseñorearás de él" (v. 7).

Dos hombres, dos decisiones, dos caminos. ¿Qué decisión tomó el primer hombre? Caín decidió permitir que el pecado se enseñoreara de él y no pasó la prueba de lidiar con la tentación como Dios quiere. Sus celos hacia su hermano Abel debido a la aceptación de la ofrenda de Abel por parte de Dios le hundieron más en su pecado, lo cual también le llevó a matar a su hermano. Al final, la ineptitud de Caín para lidiar con la tentación le descalificó para recibir la bendición de Dios y para ejercer cualquier influencia positiva con su vida. Su decisión le hizo descender por el sendero de la destrucción.

Hombre #2: *Jesús*. Este hombre vivió miles de años después del tiempo de Caín y Abel pero se vio enfrentado por igual a la tentación. Este hombre fue Jesús. Tras 40 días de ayuno se encontraba en un estado de gran debilidad física, y fue tentado por Satanás en tres áreas de su vida. Jesús lidió con esas tres tentaciones mediante la aplicación eficaz de la Palabra de Dios (Lc. 4:1-12). Jesús tomó la decisión de resistir en contra de las tentaciones. Pasó todas las pruebas a perfección y se mantuvo firme en el sendero de la influencia piadosa y positiva, lo cual ha tenido efecto en el mundo entero. Es el sendero que le llevó a la cruz y que también conduce a su salvación y la mía. Podemos establecer esta comparación entre las historias de ambos hombres:

| Dos hombres: | Caín | Jesús |
|---|---|---|
| Dos decisiones: | cedió | resistió |
| Dos senderos: | mató al hermano | salvó a muchos |
| Dos resultados: | destrucción | influencia |

## Su decisión y su sendero

Las decisiones de estos dos hombres constituyen lecciones serias para nosotros sobre la importancia de lidiar con la tentación y el pecado. ¿Notó que escribí tanto *tentación* como *pecado*? Es porque son cosas diferentes. La tentación no es pecado. Caín fue tentado, es decir, su pecado estaba "a la puerta". Él *pudo* haber optado por resistir la tentación y abstenerse de pecar, pero *no lo hizo*. Jesús fue tentado pero Él resistió las tentaciones.

¿Cuál es su decisión? ¿Cómo maneja usted su pasado, sus pensamientos, sus tentaciones? ¿En qué dirección le llevan ahora mismo sus decisiones? ¿A qué lugar le lleva su sendero? Estoy seguro de que usted, como yo, no siempre está complacido con la forma en que lidia (o no lidia) con la tentación.

Anímese, compañero en la batalla. Dios ha provisto los medios para que podamos soportar en la lucha contra la tentación y decidamos desplazarnos por el sendero de la influencia piadosa. Como dice Pablo en 1 Co. 10:13: "fiel es Dios, que no os dejará ser tentados más de lo que podéis resistir, sino que dará también juntamente con la tentación la salida, para que podáis soportar".

## La provisión de Dios para nuestras tentaciones

*En primer lugar, Dios ha provisto una nueva ley*. Una ley es la manera definitiva en que algo funciona. Por ejemplo, la ley de gravedad dice que todo lo que sea más pesado que el aire caerá. Eso significa que si usted salta de un edificio de diez pisos, caerá y con mucha probabilidad morirá. También existen leyes que contraponen a la ley de la gravedad, son las leyes de la aerodinámica. Estas leyes permiten que un avión comercial con cientos de pasajeros a bordo y que pesa cientos de miles de kilogramos, se eleve sobre la superficie terrestre y vuele.

De manera semejante, si usted y yo acudimos a Cristo, Dios neutraliza la ley del pecado y la muerte, una ley que no nos daba más opción que la muerte. Si llegamos a conocer a Jesucristo para salvación, quedamos bajo la influencia de una nueva ley, la ley del Espíritu de vida en Cristo (Ro. 8:2). Esta ley nueva nos hace libres de la esclavitud del pecado. A través de esta ley nueva, somos investidos con poder de lo alto para optar por resistir la tentación.

*En segundo lugar, Dios ha provisto un guía.* Un guía es alguien o algo que le conduce por territorio desconocido y evita que usted se pierda. Jesús prometió que daría a los creyentes un "guía" que viviría en su interior y siempre estaría con ellos. Ese guía es el Espíritu Santo, quien vive en todos los creyentes y les guía a toda verdad (Jn. 16:13). Tan pronto usted y yo acudimos a Cristo, esta promesa de Jesús se hizo realidad en nosotros. Como resultado, ahora tenemos nuestro propio guía, el Espíritu Santo, quien n os dirige en todos los aspectos de la vida y nos permite avanzar en medio de todas las situaciones que enfrentamos en la vida.

*En tercer lugar, Dios ha provisto un manual.* Dios también nos ha suministrado su propio libro guía, la Biblia. Todo lo que necesitamos saber acerca de la vida y la piedad está disponible para nosotros en la Palabra de Dios, la Biblia (2 P. 1:3). Este manual de vida nos da las respuestas para lidiar con toda clase de tentación.

*En cuarto lugar, Dios ha suministrado orientadores.* Dios también nos ha provisto a otros creyentes que nos animan a resistir y vencer las tentaciones de este mundo. Por eso es tan importante que usted tenga participación activa en una iglesia local. Allí encontrará a hombres más maduros que usted a los que podrá rendir cuentas de su vida y quienes le darán consejos sabios. Doy muchas gracias a Dios por la multitud de hombres de influencia que han servido como guías fieles en mi vida. Estos "soldados de la cruz" han estado y siguen comprometidos con el cuidado de mi crecimiento espiritual en el campo de batalla de la vida.

Quizá usted piense: *Muy bonito, pero Jim no conoce mi situación y no sabe bajo qué presiones estoy en mi trabajo, en mi matrimonio, con mis hijos, por las cargas de mi vida pasada de pecado. Yo no tengo más remedio que sucumbir a la tentación, sin importar cuánto me esfuerce ¡parece que no puedo vencer ciertos pecados!*

Pues bien, usted tiene razón. No conozco los asuntos específicos que constituyen una lucha difícil en su vida, pero sé muy bien que no está solo. La tentación es universal. La Biblia dice que toda tentación es "humana" (1 Co. 10:13). Eso significa que usted y yo, y todos los demás hombres luchan con las mismas tentaciones y los mismos pecados. Esa es la mala noticia.

La buena noticia es que Dios ha provisto una salida, un escape y una victoria cierta (1 Co. 10:13 y 15:57). Con estos cuatro recursos:

una ley nueva (la vida en Cristo),

un guía (el Espíritu Santo),

un manual de vida (la Biblia),

y guías (consejeros sabios),

tenemos la capacidad de resistir las tentaciones que nos confrontan en el diario vivir. Afirmaciones de "no puedo" han dejado de aplicarse a nosotros. Ahora, en Jesucristo, todos podemos decir "¡sí puedo!" Pablo nos dice: "fortaleceos en el Señor, y en el poder de su fuerza" (Ef. 6:10).

Así que la próxima vez que sea confrontado por alguna oportunidad para pecar (¡por ejemplo durante los siguientes tres segundos!), recuerde que "todo lo puedo en Cristo que me fortalece" (Fil. 4:13). Dios le ha dado el *poder* necesario para vencer la tentación, pero usted debe suministrar la *voluntad*. Su sendero y su influencia son lo que está en juego y ninguna decisión al respecto es pequeña ni insignificante.

## "El diablo me obligó a hacerlo"

Antes de pasar a nuestro siguiente capítulo, hay otro asunto que debemos tratar.

¿Alguna vez ha escuchado la frase: "El diablo me obligó a hacerlo"? Para muchos de nosotros el diablo es un "autor intelectual" al que nos conviene acusar de todas nuestras fallas. Le echamos la culpa de nuestra mala conducta, nuestras acciones erróneas y nuestros fracasos. Todo lo malo que sucede es culpa del diablo, no de nosotros. Por eso, usted y yo en últimas no tenemos que hacernos responsable. ¿Por qué deberíamos, si sabemos que el diablo es responsable de nuestra conducta errada? Es como la dama que dijo al famoso predicador Donald Grey Barnhouse, después que él informó a su congregación que ya no podían culpar a Satanás por todos sus problemas: "Doctor Barnhouse, su mensaje me decepcionó. Usted dijo que no podemos culpar a Satanás, pero eso es lo que me había mantenido tranquila todos estos años".

No, el diablo no es el que nos hace pecar, ¡él ni siquiera necesita hacer eso! Es cierto que en muchos casos nos ayuda y hasta facilita nuestro pecado, pero casi siempre lo único que hace es proveer las oportunidades y ocasiones para pecar con sus artimañas mundanas, y nosotros de buena gana hacemos el resto porque nos resulta bastante difícil decir "no" al pecado y a nuestra carne.

Baste decir que usted y yo nunca deberíamos pensar que el diablo nos obligue a pecar, ¡porque no es cierto!

¿Qué podemos hacer en ese caso? ¿Cómo podemos lidiar con la tentación? No se pierda el próximo capítulo y su mensaje vital sobre la forma de manejar tres tipos diferentes de tentación.

*Fortuna. Fama. Poder. Placer. Estos son los premios gordos de la tentación. Representan los eslabones más débiles en nuestra cadena de resistencia, las fisuras más obvias en nuestra armadura. Si el enemigo de nuestras almas quiere lanzar uno de sus "misiles encendidos" hacia un área en la que pueda hacer más daño, lo cierto es que una amplia selección de blancos.*

–Charles R. Swindoll[30]

13

# Luchemos la batalla contra la tentación

*Vestíos de toda la armadura de Dios,*
*para que podáis estar firmes...*
—Efesios 6:11

"La guerra es el infierno".

Esta es una frase que oí decir mucho a mi papá, quien combatió como soldado en Alemania durante la segunda guerra mundial. Una generación más tarde estaba yo sentado en un salón de clases en Fort Bragg, Carolina del Norte y la escuché otra vez, pero yo mismo empecé a sentir el efecto pleno de esas palabras: "¡La guerra es el infierno!"

¿Cómo terminé sentado en un salón de clases en Fort Bragg para aprender sobre la guerra? La unidad médica a la que pertenezco en el ejército de reservistas de los Estados Unidos fue llamada al servicio activo durante la crisis de Bosnia en la década de los noventa. Íbamos camino a Alemania para relevar a los encargados de un hospital del ejército regular que habían tenido que salir al frente de batalla en Bosnia. Estaba allí sentado mientras recibía órdenes de combate e información sobre explosivos, bombas, morteros y tiradores emboscados, armas químicas y demás. Era evidente que el ejército quería asegurarse de que nuestro grupo estuviera preparado para todos los peligros que tuviera que enfrentar en la batalla.

## La vida es una batalla

Vivir la vida cristiana también es una batalla, y si no lo cree es posible que no haya vivido todavía la vida cristiana, ¡por lo menos no con mucho éxito! Jesús mismo nos dijo: "En el mundo tendréis aflicción" (Jn. 16:33). Esa aflicción se presenta en una gran variedad de empaques a nosotros los hombres. Como mis instructores militares, Dios quiere que estemos bien preparados para la batalla inevitable. Por esa razón debemos saber qué dice la Biblia, la Palabra de Dios, sobre las tentaciones que enfrentaremos a nuestro paso por la vida.

La mayoría de nosotros no necesita una lista de las tentaciones con que luchamos a diario, pero en caso de que hayamos olvidado cuáles son, la Biblia nos suministra una lista detallada. Gálatas 5:19 nos dice que "manifiestas son las obras de la carne", y la lista incluye:

> adulterio, fornicación, inmundicia, lascivia, idolatría, hechicerías, enemistades, pleitos, celos, iras, contiendas, disensiones, herejías, envidias, homicidios, borracheras, orgías, y cosas semejantes a estas (Gá. 5:19-21).

Terrible, ¿no es así? Ahora bien, ¿cómo podemos tener dominio sobre estas tentaciones y pelear la buena batalla contra ellas? Estoy muy agradecido con el doctor Curtis Mitchell, ya jubilado de la universidad cristiana de Biola en La Mirada, California, por su clasificación de las tentaciones con arreglo a 3 tipos diferentes.

### *Tipo A: Tentaciones de la carne*

Como hombres somos bombardeados *todo* el tiempo con *todas* las tentaciones en la lista que Dios nos da en Gá. 5:19-21. Claro, estoy seguro de que usted estará de acuerdo conmigo en que la tentación de tipo sensual y sexual o tentación de tipo A, es un problema frecuente y crítico para los hombres cristianos en la actualidad y un problema universal para cualquier hombre. Es casi imposible que usted y yo demos un paso o vivamos un minuto sin ser asaltados por una tentación de tipo A, la cual se inicia casi siempre en "la puerta del ojo". Por eso es relevante la letra de la canción infantil que dice: "Tengan cuidado ojos pequeños con lo que ven". Esta simple lección habría ayudado mucho al rey David en el Antiguo Testamento.

El pecado de David con la mujer Betsabé es un ejemplo perfecto de un hombre que luchó con una tentación de tipo A (véase 2 S. 11:1-5). ¿Qué sucedió? La Biblia lo explica de esta manera: David "vio desde el terrado a una mujer que se estaba bañando, la cual era muy hermosa. [¿Cómo pudo saber esto sin darle una mirada detenida?] Envió David a preguntar por aquella mujer" (vv. 2-3). Usted conoce el resto de la historia. "Envió David mensajeros, y la tomó; y vino a él, y él *durmió* con ella" (v. 4).

Quiero que se fije en esto: El pecado de David empezó con los ojos (así sucede con muchas tentaciones de tipo A). David pudo haber detenido el proceso en cualquier momento, pero tomó la decisión (esa es la noción clave) de proceder y cometer pecado sexual con Betsabé. Tomó la decisión incorrecta. De hecho, optó por *una serie* de decisiones erróneas.

La cuestión es: ¿cómo podemos usted y yo protegernos contra las tentaciones de tipo A, y en especial aquellas que son de naturaleza sensual?

En primer lugar, recuerde siempre que Dios ha provisto "la salida" (1 Co. 10:13). Después siga estas recomendaciones prácticas para defenderse.

- *Busque la piedad.* La mejor defensa es una buena ofensiva. Por eso, procure una vida de piedad (2 Ti. 2:22). ¿Cómo? Mediante la lectura de la Palabra de Dios, la adoración a Dios en compañía de su pueblo, y por medio de rendir cuenta a uno o más de los hombres de Dios. No sea un guerrero indefenso y derrotado. No ceda a la tentación. Pelee la batalla por su pureza con todos los recursos que Dios ha puesto a su disposición.

- *Evite lugares y situaciones en los que pueda ser tentado.* Manténgase alejado de revistas y otros materiales con imágenes sensuales, evite cualquier situación en la que quede solo con una mujer que no sea su esposa (¿le suena esto familiar?). "Huye también de las pasiones juveniles", fue el consejo de Pablo para su joven discípulo (2 Ti. 2:22). Mi hermano, ¡este es un buen consejo para nosotros!
- *Evite a personas que podrían tentarle.* Hablé con anterioridad sobre "amistades" que pueden arrastrarle hacia el pecado, así que lo diré de nuevo. Tenga mucho cuidado con sus amigos del pasado o del presente que tienen parámetros morales más bajos que los que usted quiere tener en su vida. Evite a cualquiera que le arrastre en su estilo de vida. Siga este consejo sabio del libro de Proverbios (conocido como "el libro de la sabiduría") y distancie sus pasos de esa clase de personas. "Hijo mío, si los pecadores te quisieren engañar, no consientas... no andes en camino con ellos. Aparta tu pie de sus veredas" (Pr. 1:10, 15).
- *Impida a sus ojos divagar.* Durante un tiempo trabajé con un gerente de ventas que tenía la costumbre de desvestir a una mujer con sus ojos. No sea esa clase de hombre, más bien determine que seguirá el ejemplo de Job: "Hice pacto con mis ojos; ¿Cómo, pues, había yo de mirar a una virgen?" (Job 31:1).

Las tentaciones de tipo A surgen de los deseos de nuestra carne. Lo cierto es que ni usted ni yo no necesitamos mucha ayuda del diablo con este tipo de tentación. Nuestra propia carne pecaminosa es la que nos impele a ir en esa dirección.

### *Tipo B: Tentaciones del mundo*

Mientras que las tentaciones de tipo A por lo general son sensuales y *de la carne*, las tentaciones de tipo B se dirigen a lo más profundo del *corazón*. Si las tentaciones de tipo A tienen que ver con figuras femeninas, las tentaciones de tipo B se aplican más a cosas como las riquezas y la gloria. Son tentaciones relacionadas con el consumo y el estilo de vida. Este tipo de atracción pecaminosa se llama en la Biblia "la vanagloria de la vida" (1 Jn. 2:16).

Usted y yo somos tentados con mucha frecuencia por deseos intensos de dinero, posesiones y placeres. Estas tentaciones de tipo B nos roban la pasión por Dios y alejan nuestro corazón de las cosas de Dios. A continuación describo cómo funcionan.

En términos de categorías generacionales, soy lo que se describe en sociología como un "baby boomer", porque nací durante la explosión demográfica de los Estados Unidos después de los horrores de la segunda guerra mundial, una época en la que mis padres y sus contemporáneos no tenían más que sueños de una vida mejor para ellos y sus hijos. Crecí con un enfoque permanente en "la buena vida". Esta obsesión materialista me alejó del Señor. Muchos años después reconocí la superficialidad y el vacío de ese estilo de vida, y como el hijo pródigo en la Biblia, entendí cuán alejado estaba de Dios y regresé a casa para encontrarme con el perdonador Padre celestial (Lc. 15:11-32).

Nuestra sociedad materialista ha tendido una trampa sutil para cada uno de nosotros. Esta es una cuestión delicada para mí, tal vez usted sea un hombre que maneja estas tentaciones mundanas con éxito, pero yo no pude hacerlo por mucho tiempo. Además, cualquiera de nosotros puede caer, ¡así que tenga cuidado!

Quiero presentarle a Lot. Su historia nos suministra el arquetipo de la tentación de tipo B. Lea en Gn. 13:1-13 toda la historia que puedo resumir así: Lot era sobrino de Abraham y se le dio la oportunidad de escoger un lugar para vivir y alimentar sus ganados. La Biblia dice que "alzó Lot sus ojos, y *vio* toda la llanura del Jordán, que toda ella era de riego, como el huerto de Jehová... Entonces Lot *escogió* para sí toda la llanura del Jordán" (vv. 10-11).

¿Sabe cuál fue el comentario de Dios sobre la elección de Lot? Esto puede darnos una idea: "Mas los hombres de Sodoma eran *malos* y *pecadores* contra Jehová *en gran manera*" (v. 13). ¿Recuerda lo que sucedió a Sodoma y Gomorra? Aunque la decisión de Lot pudo parecer correcta en sentido *práctico*, condujo a un desastre *espiritual* para él y su familia (véase Gn. 19).

¿Usted cree que es inmune a caer en la misma trampa en que Lot y yo mismo caímos? Quiero darle algunas recomendaciones para evitar la caída en tentaciones de tipo B, las tentaciones de la mundanalidad y el materialismo.

- *Desarrolle su amor por Dios*, a tal punto que pueda resistir el empuje del mundo. El amor crece con el conocimiento, por eso usted debe familiarizarse con Dios mediante la lectura de su Palabra. "El amor de la riqueza crea hombres amargos, el amor de Dios crea hombres mejores".[31]
- *Entienda la mentira* de que a cambio de los placeres de este mundo, vale la pena sacrificar lo que de verdad importa: Su relación con Dios y su familia, su reputación y su influencia. Entienda que el mundo va a pasar, pero el hacer la voluntad de Dios tiene recompensa eterna (1 Jn. 2:17).
- *Comprenda las implicaciones espirituales* que puede tener cada decisión, incluidas las decisiones de negocios. ¡Recuerde a Lot!
- *Protéjase* de un enfoque malsano en "la buena vida". El principio teológico es que la riqueza tiene la potencialidad de crear problemas más serios que la pobreza.
- *Recuerde* que no puede servir al mundo y a Dios al mismo tiempo (Mt. 6:24). Un hombre de influencia busca primero el reino de Dios (v. 33).
- *Tenga en cuenta* que entre más enredado esté usted con el mundo, menos libertad tendrá para servir a Dios. Como el misionero Alberto Sweitzer descubrió: "Usted no es el dueño de algo que posea y no pueda dar, porque la tal cosa es su dueño".
- *Ore a diario* para que Dios le dé la sabiduría y fortaleza que necesita para luchar contra la mundanalidad. "Los constantes ejercicios diarios son los que convierten al soldado en héroe de la batalla".[32]

### *Tipo C: Tentaciones del diablo*

¿Recuerda mi comentario anterior acerca de cómo el diablo es culpado por muchas de nuestras tentaciones? Así como mi afirmación de que somos muy capaces de pecar por cuenta propia, en especial si se trata de tentaciones de tipo A y B, también es cierto que las tentaciones de tipo C están relacionadas de manera más directa con el diablo. Estas son las tentaciones del *alma*. Son tentaciones que casi siempre tienen que ver con la naturaleza y el carácter de Dios, como por ejemplo tener pensamientos innobles acerca de Dios. Permítame ilustrar esto a continuación.

Eva, la madre de todos los viviente, fue creada y colocada en el huerto de Edén para ser ayuda idónea y compañera de Adán para toda la vida (Gn. 2:18-22). Más adelante, mientras Eva se encontraba sola, "la serpiente" se le acercó y procedió a tentarla para que dudara del carácter de Dios. Satanás preguntó: "¿Conque Dios os ha dicho...?" (Gn. 3:1). Satanás plantó semillas de duda con respecto al carácter de Dios y las instrucciones de Dios hasta que Eva cedió, desobedeció a Dios y comió el fruto prohibido.

Mi hermano, desde ese mismo día, Satanás no ha dejado de usar sus artimañas para hacer que desconfiemos de Dios. ¿Cómo lidiamos con esta clase de tentaciones?

- *Adquiera una mejor comprensión de los atributos y el carácter de Dios.* Aprendemos cómo es Dios con la lectura de su Palabra, y si no leemos su Palabra tendemos a olvidar cómo es Él a tal punto que dejamos de confiar en Él. ¡A Satanás le encanta trabajar con un hombre que padece de "amnesia espiritual"!
- *Adquiera un entendimiento más práctico de las tácticas de Satanás.* A Satanás le gusta confundir a la gente en lo referente a la teología (el estudio de Dios). Si él logra que usted y yo tengamos una visión distorsionada de Dios, lo más probable es que pueda hacer que adoptemos una visión distorsionada de la vida, de nuestra conducta y de las cuentas que debemos rendir a un Dios santo. En lugar de esto, usted y yo debemos fortalecernos en el Señor y en el poder de su

fuerza, así como vestirnos de toda la armadura de Dios, para que podamos estar firmes contra las asechanzas del diablo (cp. Ef. 6:10-11).

- *Adquiera mayor familiaridad con la Palabra de Dios.* Desarrolle un arsenal de versículos y porciones de las Escrituras que pueda usar tan pronto sea tentado. Jesús peleó contra el diablo con la Palabra de Dios al decirle "escrito está" en cada una de las tres tentaciones (Mt. 4:4-7). ¿Está usted bien armado? ¿Sabe *qué* es lo que escrito está? ¿Libra sus batallas contra la tentación con la espada del Espíritu que es la Palabra de Dios (Ef. 6:17)?

## Busquemos la ayuda de Dios en la batalla

Hermano, pongámonos de acuerdo para librar la batalla contra la tentación ¡con ojos bien abiertos! Estos son los hechos concretos y objetivos: La tentación es constante, porque mientras usted y yo vivamos y respiremos, tendremos que lidiar con toda clase de pecado y tentación en todo nivel (tipos A, B y C). La batalla es encarnizada en todas las áreas y tendrá que librarse en cada etapa de su vida. Bien sea usted un joven que lucha con las tentaciones de la carne, un hombre adulto que lucha con la mundanalidad y los deseos de fama, fortuna y "la buena vida", o un hombre en la tercera edad que empieza a dudar de la suficiencia de las promesas y la provisión de Dios al contemplar la posibilidad cierta de la muerte, y todo hombre puede estar seguro de que las tentaciones nunca desaparecerán mientras viva en la tierra.

La pregunta es, ¿permitirá usted que Dios pelee su batalla por medio de los recursos que le ha suministrado? ¿O tratará de hacerlo por su propia cuenta? Su futuro depende de cómo maneje usted la tentación en su vida. *Su manera de enfrentar las tentaciones determinará el nivel de su capacidad para influenciar a otros para Dios.*

*¿Por qué es importante la calidad de su vida secreta? Porque es su vida interior, y hermano mío, allí es donde se pelean y se ganan las batallas definitivas de la vida. Esto incluye su mente y las cosas que ocupan sus pensamientos. También abarca su voluntad, todo aquello que usted decide hacer y no hacer. Por encima de todo, se centra en su corazón.*

–Jim George

14

# Una mirada a su vida secreta

*Por tanto, no desmayamos;*
*antes aunque este nuestro hombre exterior*
*se va desgastando, el interior no obstante*
*se renueva de día en día.*
—2 Corintios 4:16

Varios años atrás mi esposa y yo estábamos en Alaska para dar unas charlas a hombres y mujeres. El sábado por la tarde, mientras las damas terminaban su parte de la conferencia, un pescador comercial me invitó a un viaje alrededor de la bahía de Petersburg en su bote pesquero. ¡Fue emocionante! Vimos leones marinos, focas, águilas e incluso varias ballenas. Sin embargo, lo que más admiración me inspiró (¡y temor también!) fueron los témpanos de hielo. El capitán del bote navegó con gran precaución para evitarlos, era evidente que él también los respetaba en gran manera.

De hecho, el capitán hizo un giro bastante amplio alrededor de un témpano gigantesco, y mientras lo rodeábamos nos explicó por qué estos elementos de la naturaleza son tan temidos y respetados. La punta del iceberg no es más que la octava parte de su masa total, y nadie podía determinar con precisión hasta donde se extendía en volumen debajo del agua. El capitán no podía determinar esto, así que todo lo que podía hacer era contemplar su presencia ominosa con gran respeto, ¡y a una distancia considerable!

Mi amigo, lo que es cierto acerca de los témpanos de hielo también es cierto en nuestra vida. Así debería ser toda nuestra vida. La parte secreta, interior y privada de nuestra vida se asemeja a la masa sumergida de un témpano de hielo, siempre bajo la superficie y lejos de la mirada pública. Así como la fuerza y la potencialidad de un iceberg radica más que todo en su porción invisible, la parte secreta de nuestra vida es lo que nos da el poder para ejercer una tremenda influencia exterior.

## Reconozca la importancia de su vida secreta

No sé si ha notado esto, pero en los 13 capítulos anteriores hemos considerado con mucho detenimiento la vida secreta de un hombre de influencia. La llamo "vida secreta" porque es la vida privada de un hombre, la parte de nosotros que nadie ve. La Biblia lo llama "el hombre interior". Al estudiar temas como la obediencia, la adopción de metas, la disciplina espiritual y la tentación, hemos aprendido acerca de cómo cambiar quiénes somos por dentro, es decir, cómo transformar nuestra vida secreta.

¿Por qué es tan importante la calidad de su vida secreta? Porque es su vida interior, y hermano mío, allí es donde se pelean y se ganan las batallas definitivas de la vida. Esto incluye su mente y las cosas que ocupan sus pensamientos. También abarca su voluntad y todo aquello que usted decide hacer y no hacer. Por encima de todo, se centra en su corazón. Tal como dice la Biblia acerca del hombre: "cual es su pensamiento en su corazón, tal es él" (Pr. 23:7).

Pues bien amigo mío, el hombre que *desea* convertirse en un hombre de influencia es el que empieza a ganar la batalla de la vida secreta. Usted y yo debemos anhelar con suficiente fervor esa clase de vida interior vibrante para pagar el precio del crecimiento y la madurez espiritual, pero nos haremos acreedores a una recompensa muy bienaventurada si estamos dispuestos a pagar ese precio: ¡Nos convertiremos en hombres de influencia!

## Nutra su vida secreta

En mi libro *Un hombre conforme al corazón de Dios*, publicado por Editorial Portavoz, hablo un poco sobre mi lucha con la vida cristiana y cómo un día desperté a la realidad de mi propia desobediencia. Allí empezó mi deseo intenso de "volver a casa" en mi andar con el Señor. A partir de entonces me he dedicado con diligencia, cuidado y minuciosidad a nutrir mi vida secreta. No siempre ha sido fácil. De hecho, he tenido luchas incontables, pero por la gracia de Dios ha sido un viaje gozoso y emocionante de crecimiento que ha producido cierto nivel de influencia.

Suficiente información sobre mi caso, pasemos ahora al suyo. ¿Qué producirá el deseo piadoso y una vida secreta bien nutrida en su vida? ¿Qué clase de hombre será usted si actúa conforme a su deseo de convertirse en un hombre de influencia, un hombre que deja una huella indeleble en los demás? De acuerdo con los "secretos" revelados en los últimos trece capítulos, el proceso será algo similar al siguiente:

- Usted empieza por desarrollar convicciones personales profundas. Estas convicciones procederán de su deseo sincero de ser obediente en todas las áreas de su vida a su Señor Jesucristo.
- Usted subordina su vida entera al cumplimiento de las metas centradas en Dios que abarcan todas las áreas.
- Usted establece y mantiene una vida de disciplina porque entiende la importancia de la disciplina espiritual y física.
- Usted hace decisiones más sabias y más bíblicas. ¿Por qué? Porque ha empezado a entender que la esencia de la vida cristiana reside en la voluntad.
- Usted acoge el concepto de la influencia y aprecia la dimensión de su propia influencia piadosa en otros.
- Usted acepta los retos de vivir una vida piadosa, una vida que tendrá influencia en otros.
- Usted entiende que para tener influencia en la gente debe establecer las prioridades correctas en su vida, y que la gente

debe convertirse en una de sus prioridades.

- Usted ve que su vida tiene propósito y destino. ¿Por qué? Porque ha empezado a percibirse a sí mismo como un hombre de Dios cuya vida es importante y significativa, y que será alguien que dejará un legado duradero.

¡Usted puede ser una fuerza poderosa y formidable en las manos de Dios! Todo esto empieza con nuestra vida secreta, y de cada uno de nosotros depende la calidad de esa vida. Desarrolle la vida secreta y expanda su influencia, si no lo hace malgastará el don de una vida que tiene el propósito de influenciar a otros y dejar una huella indeleble. Creo que usted sabe muy bien lo que debe hacer. No habría leído hasta este punto si no tuviera interés y deseo de convertirse en un hombre de mayor influencia. Por eso confío en que al haber leído sobre los secretos de una vida de influencia, está motivado a considerar la importancia de cultivar su vida interior. Como acabé de decir, una vida de gran influencia pública empieza con el cultivo de una vida privada profunda.

## Ilustración de la influencia de su vida secreta

Aquella travesía en el barco de Alaska me dejó recuerdos imborrables. Ese encuentro con el témpano de hielo me dejó bastante impresionado. Amigo mío, lo mismo puede suceder con su vida y la mía si decidimos de una vez por todas el asunto de cuán necesario es nutrir nuestra vida secreta de acuerdo con la Palabra de Dios. En su tiempo, los resultados de nuestro cambio interno saldrán a la superficie para ejercer una influencia innegable y perdurable en los demás.

Mientras escribía sobre el iceberg inmenso de Alaska, pensé en otra ilustración que nos ayuda a entender cómo nuestra vida secreta afecta nuestra vida exterior. Algunas de las montañas más imponentes fueron creadas cuando una gran cantidad de lava ardiente del fondo de la tierra es empujada desde las profundidades y sale disparada a la superficie. En mi opinión, la fuerza de la presión subterránea de nuestra vida secreta da impulso a nuestro carácter interno para que salga a la superficie como una montaña majestuosa e imponente que todos pueden admirar.

¿No es esa una manera excelente de representar su vida? ¿Como un iceberg descomunal? ¿Como una montaña majestuosa? Todo gracias a que usted ha nutrido al hombre interior conforme a los caminos de Dios.

Por eso le pregunto, amigo mío: ¿Cuáles son las señales exteriores que indican que usted ha nutrido fielmente su vida interior? ¿Cuáles son las marcas visibles de una vida de influencia? En los capítulos restantes estudiaremos las evidencias externas de la vitalidad interior. Estas señales son la "recompensa" por el tiempo y el cuidado que invertimos en nuestra vida subterránea con Dios, el galardón por haber nutrido corazón y alma. Estas evidencias son lo que hacen de nosotros hombres de influencia.

*La influencia se basa en el carácter.*
*El carácter se desarrolla en secreto.*

Segunda parte:

# Las señales de una vida de influencia

*El valor de una persona va ligado al principio del servicio. Nosotros valoramos en gran manera la persona a quien prestamos nuestro servicio gratuito y voluntario.*

–Douglas Groothuis[33]

# 15

# Un corazón de siervo

*os acordáis, hermanos, de nuestro trabajo y fatiga; cómo trabajando de noche y de día, para no ser gravosos a ninguno de vosotros, os predicamos el evangelio de Dios.*
—1 Tesalonicenses 2:9

Una característica agradable del sur de California es el clima. Casi siempre es templado, hasta en los meses más fríos del verano. Sin embargo, cierto día a mediados de enero fue bastante frío y lluvioso. Más que la condición inusual del clima, lo que hizo de este un día bastante memorable fue la escena triste que vi en el cementerio. Estaba allí porque varios días atrás una casa funeraria me llamó para oficiar un servicio fúnebre para un hombre que no tenía pastor ni iglesia en el área. Estaba ansioso de participar porque vi esto como una oportunidad para ayudar a la familia del hombre y para anunciar las buenas nuevas de Jesucristo a los asistentes.

Al llegar el día, me aseguré de llegar temprano al cementerio para poder conocer a los familiares y amigos del hombre, y para decirles algunas palabras de ánimo. El director fúnebre también me acompañó y empezamos juntos la vigilia. Justo antes de que empezara el servicio, un automóvil solitario entró al cementerio y se detuvo frente al andén que conducía al féretro que se encontraba bajo un cobertizo provisional. En ese automóvil iba la esposa del difunto.

La mujer salió apresurada y al llegar al sitio del entierro nos preguntó cuánto tiempo duraría el servicio. Anunció que no tenía mucho tiempo y explicó además que su difunto esposo tampoco había dedicado mucho tiempo a otras personas. Como era obvio, a nadie le había quedado tiempo para asistir a su servicio fúnebre. Dirigí el servicio en medio de la lluvia sin más asistentes que el director fúnebre y la esposa impaciente.

## ¡Qué diferencia hace una vida!

Compare ahora la escena anterior con otro funeral en que participé. Stan Miller había servido como pastor y capellán en un hospital durante más de 40 años. Stan fue un hombre que tuvo corazón de siervo. A su servicio fúnebre asistieron varias docenas de personas, entre las cuales estaban su esposa, sus hijos, nietos y bisnietos. Todos se colocaron de pie para dar testimonio de la influencia que Stan había ejercido en sus vidas. Este hombre había amado a su esposa durante más de 50 años, se había sacrificado por la educación de sus hijos y nunca dejó de sacrificar su tiempo, dinero y energía por los demás. El recinto estaba lleno de muchas otras personas como yo que también fuimos tocados por la vida de servicio de Stan.

Como dije antes, ¡este fue un funeral muy diferente al primero que describí!

—El primero hombre fue un consumidor egoísta toda su vida y no dejó algo de valor tras morir. Al alejarme de ese sitio miré por el espejo retrovisor y por lo que vi, casi no había pruebas visibles de que el hombre en cuestión hubiera pasado por este planeta.

—El otro hombre fue un dador generoso toda su vida y dejó un legado de influencia tras su muerte. Cientos de personas eran la prueba viva de la influencia perdurable de su vida de servicio.

Este es el siguiente principio que vamos a examinar. Un hombre de influencia tiene un corazón para el servicio a los demás.

## Dos ejemplos de un siervo

Un corazón dispuesto al servicio altruista es una de las cualidades desarrolladas en nuestra vida secreta que puede ser vista con facilidad por los demás. En el breve tiempo que mi esposa y yo hemos sido miembros de nuestra iglesia actual, hemos sido testigos de este corazón servicial en la vida de los líderes de la iglesia. También debo decir que en el transcurso de los años he tenido la fortuna de haber visto esta marca de influencia en muchos otros hombres. Veamos ahora dos incidentes en los que participaron dos hombres de influencia que nos ofrecen lo que considero las mejores demostraciones de lo que significa tener un corazón apto para el servicio.

*Jesucristo.* Estoy seguro de que estará de acuerdo en que Jesucristo fue el hombre más influyente que ha existido. Nadie ha tenido ni tendrá jamás un efecto tan grande en la historia humana como Él. ¿Por qué? Hay una razón muy importante: Jesucristo fue Dios en carne humana. Ahora bien, al leer el Nuevo Testamento usted no ve a Dios el Hijo como un líder autócrata que impone su voluntad sobre la gente o demanda respeto y obediencia. No, ¡vemos todo lo contrario! La vemos como un siervo humilde.

Trate de ubicarse en esta escena. En el capítulo 13 del evangelio de Juan vemos a Dios, en carne humana, que se ciñe con una toalla y consigue una palangana con agua para luego agacharse ante su creación, sus seguidores y sus subordinados, con el propósito de lavar sus pies polvorientos. ¡Este tiene que ser uno de los ejemplos más grandes de servicio en toda la historia!

En algún momento durante su tiempo devocional, lea Jn. 13:1-17 para apreciar todo el significado de este ejemplo supremo del corazón de un siervo en acción. El mensaje de Jesús a sus discípulos y por supuesto a nosotros es este: "ejemplo os he dado, para que como yo os he hecho, vosotros también hagáis" (Jn. 13:15). ¡Es inconcebible que no obedezcamos! Por ejemplo, en su familia debe haber alguien que necesite su ayuda como siervo, y en la iglesia es seguro que a alguien le urge recibir su mano auxiliadora y su servicio incondicional.

*Dwight L. Moody*. Otro hombre que demostró el corazón de un siervo es el predicador famoso de Chicago en el siglo diecinueve, D. L. Moody. Cierto año a finales de ese siglo, un grupo numeroso de pastores europeos asistió a la conferencia bíblica que Moody dictaba en Northfield. Los pastores europeos, como era su costumbre en la época, dejaron todo su calzado fuera de sus habitaciones en la primera noche, para que el "sirviente de turno" limpiara sus zapatos. No obstante, como la conferencia era en Norteamérica, no había sirvientes disponibles para esa tarea.

Aquella noche, mientras Moody caminaba por los corredores del dormitorio y oraba por los asistentes, vio los zapatos. Como no quería que sus visitantes se sintieran avergonzados, Moody mencionó la necesidad a algunos de sus estudiantes jóvenes en el ministerio, y uno a uno encontraron excusas para no ayudarle. Así fue como el evangelista más famoso del mundo volvió al dormitorio, juntó los zapatos sucios, los llevó a su habitación y los limpió y lustró todos y cada uno. La obra no habría pasado a la historia si un amigo del predicador no hubiera sido testigo del acontecimiento.

A la mañana siguiente, los pastores europeos abrieron las puertas de sus habitaciones y encontraron zapatos limpios y lustrosos. Moody no dijo a nadie lo que había hecho, pero su amigo lo contó a unos cuantos y después sucedió algo extraordinario. Durante el resto de la conferencia, diferentes ministros se ofrecieron cada noche para lustrar en secreto los zapatos de sus huéspedes.

Tanto Jesucristo como D. L. Moody son ejemplos excelentes de hombres que tenían corazón de siervo. Ambos fueron hombres de grandeza e influencia verdaderas. Ambos demuestran para nosotros la clase de efecto que puede tener un hombre si desarrolla un corazón para el servicio a los demás.

## Consejos para convertirse en un siervo

Espero que haya captado el espíritu de lo que significa ser un hombre de influencia, y espero que ahora vea cómo el servicio humilde es vital para la influencia piadosa. Como dije al comienzo de nuestro recorrido por distintos perfiles d líderes, el apóstol Pablo siempre es un ejemplo excelente que podemos examinar en diversos aspectos como un hombre de influencia profunda. El peso de su vida todavía se siente en la actualidad. ¿Por qué? Porque él, al igual que su Maestro Jesús y como el gran D. L. Moody, fue un hombre con corazón de siervo que siempre sirvió a los demás.

Por eso le invito a considerar los siguientes consejos inspirados en su vida, para convertirse en un siervo como el apóstol Pablo. Reunámonos con él en Hechos 17:2, donde nos enteramos que Pablo pasó "tres días de reposo" en discusión, declaración y exposición de las Escrituras a los judíos en la sinagoga local de Tesalónica, una ciudad en Macedonia (la Grecia actual). No sabemos con exactitud cuánto tiempo pasó allí el apóstol (¡pues acostumbraba extender sus visitas!), pero sabemos que los judíos se pusieron celosos, incitaron un alboroto y forzaron la salida de Pablo. Escuche ahora cómo reflexiona Pablo sobre el tiempo que pasó con los tesalonicenses y preste mucha atención a sus nueve consejos sobre el servicio cristiano, tal como se encuentra en 1 Ts. 2:1-12.

Consejo #1: *Sirva un fin sublime.* A veces realizamos un acto de servicio y quedamos con la sensación de que careció de importancia, que nadie se dio cuenta o a nadie le importó, que fue un fiasco total. En otras ocasiones servimos y nuestro servicio pasa desapercibido, ¡pero eso no es lo que importa! Pablo tuvo los mismos sentimientos pero escribió: "vosotros mismos sabéis, hermanos, que nuestra visita a vosotros no resultó vana" (1 Ts. 2:1). En otras palabras, el servicio a un fin sublime como los propósitos de Dios ¡nunca es un fracaso!

¿Recuerda a Mardoqueo en el libro de Ester en el Antiguo Testamento? Era el primo de la reina Ester, y un día mientras estaba sentado junto a las puertas de la ciudad (un lugar de influencia en aquel tiempo), se enteró de una conspiración para matar al rey. Mardoqueo procedió de inmediato a informar a Ester, quien a su vez informó a su esposo el rey y dio el crédito a Mardoqueo. El complot fue frustrado y el rey quedó a salvo, pero ¿cuánto tiempo pasó antes de que Mardoqueo fuera reconocido por su servicio al rey? Cinco largos años, tan pronto el rey se dio cuenta de que su protector no había sido recompensado como era debido. ¿Podría usted esperar cinco años para que le den las gracias por su servicio? ¿Continuaría su servicio así parezca un favor imperceptible o un sacrificio injustificado?

Aquí viene el mensaje de Pablo para nosotros. Si usted y yo servimos un fin sublime que es el propósito de Dios, no importan los resultados, los agradecimientos, el reconocimiento ni la remuneración. ¿Por qué? Porque nuestro servicio fue hecho para Dios, y ese es nuestro propósito supremo: Agradar a Dios. Eso es todo lo que importa. John Whiteley, un misionero en Nueva Zelanda del siglo diecinueve, lo comprendió muy bien como lo refleja en estas palabras:

> Agradezco a Dios porque puedo decir que mi deber es mi máximo deleite, y las pruebas alentadoras que he recibido en el sentido de que mi labor no es en vano ni gasto mis fuerzas por nada, me animan a trabajar conforme al mandato de Dios y ofrecer a Él todos mis esfuerzos.[34]

Consejo #2: *Sirva a pesar de su situación.* En otras palabras, si usted o yo esperamos hasta que las condiciones sean perfectas, nunca serviremos. Pablo fue un hombre que sirvió a pesar de su situación: "tuvimos denuedo en nuestro Dios para anunciaros el evangelio de Dios *en medio* de gran oposición" (1 Ts. 2:2). La oposición provenía de líderes religiosos, gente violenta y la posibilidad de ser encarcelados.

Otro siervo de Dios, Moisés, también tuvo que tomar la decisión de servirle a pesar de su situación. Moisés fue llamado por Dios para encabezar a su pueblo en la salida de Egipto (Éx. 3:1-22), pero había un problema: El pueblo no estaba muy seguro de que quería ser llevado por Moisés a algún lugar. La situación de este líder era bastante precaria.

- Moisés no tenía credibilidad como líder. Solo había conducido un rebaño de ovejas durante 40 años.
- Moisés no tenía autoridad porque vino como un extranjero.

- Moisés no tenía recursos humanos, solo tenía un bastón.
- Moisés no contaba con ayuda alguna, aunque después recibió a su hermano Aarón como asistente.

¿Cómo respondería usted a esta clase de comisión y en la misma situación? Tal vez responderíamos como lo hizo Moisés, con una multitud de excusas sobre por qué no podríamos servir. Moisés por fin aceptó el llamado de Dios al servicio y dirigió al pueblo de Dios en su salida de Egipto. Después sirvió fielmente a Dios 40 años más mientras los israelitas se desplazaban por el desierto. Al fin de cuentas, Dios llamó a Moisés "mi *siervo*" (Nm. 12:7). Las circunstancias de Moisés no fueron fáciles pero él pasó la prueba. Como Pablo, Moisés sirvió a pesar de su situación.

Adelantemos ahora más de 3.000 años hasta la actualidad. ¿Qué le pide Dios a usted en términos de servicio? ¿Acaso le ha presentado excusas porque cree que no puede servir *en medio* de su situación? Considere este consejo de T. J. Bach, misionero en Venezuela: "Si vamos a esperar hasta que todos los obstáculos posibles sean quitados antes de trabajar en la obra del Señor, nunca intentaremos siquiera hacer una sola cosa".[35]

Como Pablo, quien sirvió en medio de oposición y persecución, como Moisés que sirvió a pesar de dificultades extremas y como el señor Bach, misionero de Dios en una tierra que le es ajena, usted también debería estar dispuesto a servir a su Señor sin importar la situación. Anímese a llenar el espacio en blanco:

Sí Señor, estoy dispuesto a servirte en medio o a pesar de...

________________________________________.

Tenemos mucho más que aprender sobre el desarrollo de un corazón servicial, y en el capítulo siguiente estudiaremos los otros siete consejos de Pablo acerca del servicio cristiano, pero mientras llegamos allá, piense en este principio sencillo y profundo de la influencia:

*Si quiere influenciar a otros,*
*debe empezar por servirles.*

*Al pensar en una vida de servicio, ¿la contempla como una actividad desempeñada por gente con poca preparación y en la parte más baja de la pirámide ocupacional? Si es así, usted tiene la impresión errónea. Una vida de servicio no es cuestión de posición o habilidad sino de actitud.*[36]

–JOHN MAXWELL

16

# Una actitud de siervo

*...el que quiera hacerse grande entre vosotros será vuestro servidor... como el Hijo del Hombre no vino para ser servido, sino para servir...*
—Mateo 20:26, 28

Siempre me he considerado un hombre bastante activo. Me encantaba participar en los deportes durante la secundaria y también he visto muchas horas de eventos deportivos, en especial he seguido los pasos de mi equipo favorito en Oklahoma. Por eso, no piense que soy raro debido al gran interés que también tengo en la poesía. ¿Ha visto el comercial de televisión en que un luchador famoso recita su poesía? Bueno, yo estoy lejos de tener los músculos de ese hombre, pero he escrito un volumen de rimas para niños inspiradas en el libro de Proverbios.[37] A continuación, intentaré una paráfrasis de la cita de Mateo 20 que incluí al comienzo de este capítulo:

¿Quieres ser grande?
¿Quieres ser notable?
¿Quieres tener influencia en los que te rodean?

En ese caso, aprende a ser un siervo,
con humildad y veracidad
haz la voluntad de Dios durante toda tu vida.

Muy bien, continuemos nuestro recorrido sin más dilación.

Los discípulos de Jesús tenían la noción corriente pero errada de que señorío era lo mismo que liderazgo. Como creyeron que eran grandes líderes, Jacobo y Juan, dos de los discípulos de Jesús, mandaron a su madre a hacer unas reservaciones especiales y a que solicitara a Jesús dos puestos de prominencia para sus hijos en su reino mesiánico futuro. Pensaron que si les asignaban posiciones privilegiadas a la derecha y a la izquierda de Jesús, se convertirían en hombres de gran influencia (Mt. 20:20-21). Jesús les enseñó que lo cierto era todo lo opuesto. Dijo en esencia: "Si quieren tener influencia al más alto nivel, dispónganse a servir al más bajo nivel" (véase Mt. 20:25-28).

Como Jesús demostró, la grandeza y la influencia vienen como resultado del servicio humilde. En 1 Ts. 2:1-12 Pablo nos da nueve consejos para vivir una vida de servicio. Hasta ahora hemos aprendido que #1) debemos servir con un fin supremo en mente, y #2) debemos servir en medio y a pesar de nuestra situación. Consideremos ahora los demás consejos de Pablo.

## Consejos para convertirse en un siervo

Consejo #3: *Sirva con integridad.* ¿Alguna vez ha pensado en el hecho de que lo que usted cree determina cómo se comporta en realidad? Su integridad procede de un sistema de creencias íntegras. La integridad de nuestro servicio se construye sobre el fundamento de un entendimiento correcto de Dios y de su Palabra. Por esa razón Pablo dijo a los que sirvió en Tesalónica: "nuestra exhortación no procedió de error ni de impureza" (1 Ts. 2:3).

El título "servidor público" se utiliza a menudo para aludir a los representantes del gobierno. Ciertos hombres y mujeres que ejercen cargos públicos han sido elegidos por "el pueblo" y están allí para servir el bien común. Al principio de la historia de la nación norteamericana, el servicio público y la integridad se consideraban indivisibles, como caras de una misma moneda. Lamento decir que en la sociedad actual, la integridad y el servicio han dejado de ser vistos como requisitos obligatorios de los funcionarios públicos.

Lo cierto es que cualquier persona puede servir en el gobierno sin tener integridad.

Este no es el criterio de Dios para el servicio. La integridad es una cualidad indispensable que deben poseer los siervos de Dios. Por ejemplo, considere el carácter de los hombres que fueron seleccionados como servidores en la iglesia, después de mucha oración y un examen cuidadoso en Hechos 6:3. Debían ser "varones de buen testimonio, llenos del Espíritu Santo y de sabiduría". ¿Cuál fue la tarea crítica que se les pidió llevar a cabo? ¡Atender mesas! Amigo, debemos servir con integridad sin importar qué nos pida hacer Dios, así sea trabajar como meseros, porque servimos a un Dios santo quien demanda integridad de nosotros, sus sirvientes.

Consejo #4: *Sirva para agradar a Dios.* Cada vez que usted y yo servimos, debemos preguntar: ¿A quién sirvo? Si realizamos nuestro servicio para agradar a los hombres, no seremos siervos de Dios. No podemos hacer las dos cosas y Pablo lo sabía muy bien. Por eso declaró de entrada: "fuimos aprobados por Dios... así hablamos; no como para agradar a los hombres, sino a Dios" (1 Ts. 2:4). Escuche la explicación de Pablo en otro pasaje:

> Pues, ¿busco ahora el favor de los hombres, o el de Dios? ¿O trato de agradar a los hombres? Pues si todavía agradara a los hombres, no sería siervo de Cristo (Gá. 1:10).

Aarón, el hermano de Moisés, fue de gran ayuda durante el éxodo de los hijos de Israel y al comenzar el viaje a la tierra prometida, pero Aarón tuvo un problema: Le gustaba agradar a los hombres. Mientras Moisés estuvo en el monte Sinaí durante 40 días para recibir los diez mandamientos de Dios, el pueblo se desesperó. Empezaron a preguntarse si Moisés seguía con vida y pidieron a Aarón: "haznos dioses que vayan delante de nosotros" (Éx. 32:1). De inmediato, Aarón cedió a su petición y les hizo un becerro de oro para que lo adoraran (vv. 2-6).

Debemos reconocer que Aarón tuvo opciones. Él pudo haber

resistido las demandas del pueblo y decir: "¡De ningún modo!" Así habría servido a Dios antes que a los hombres. Aarón decidió servir al pueblo y no a Dios. ¿Entiende ahora por qué es tan importante que nos preguntemos todo el tiempo a quien servimos?

Consejo #5: *Sirva con motivos puros.* El consejo anterior tenía que ver con agradar a los hombres y este se aplica a la cuestión de agradarnos a nosotros mismos. Tal vez a usted no le interese agradar a los hombres, ¡y eso está bien! ¿Será posible que le encanten los elogios que otros le dan por su servicio? ¿Es posible que se niegue por fuera a los agradecimientos y a la inclinación de los demás mientras dice por dentro: "No dejen de alabarme, ¡quiero más atención!"? Pablo no tuvo este problema porque sirvió con motivos puros desde un principio: "nunca usamos de palabras lisonjeras, como sabéis, ni encubrimos avaricia... ni buscamos gloria" (1 Ts. 2:5-6).

La Biblia llama las cosas por su nombre: "Engañoso es el corazón más que todas las cosas" (Jer. 17:9). Jeremías, el escritor inspirado de esta verdad, añade que el corazón también es "perverso". ¿Su servicio está motivado por las alabanzas que recibe de los demás? Examine su corazón y asegúrese de que sus motivos sean puros.

Consejo #6: *Sirva con amor.* No hay un ejemplo más grande de servicio amoroso que el de una madre. Los que somos casados y tenemos hijos hemos visto el amor con que nuestras esposas sirven a nuestros hijos siempre que están enfermos o si sufren de cualquier forma en cualquier momento. Estoy seguro de que esa es la razón por la que a nuestros pequeños les encanta ser estrechados en brazos de su mamá. La actitud servicial de amor es lo que usted y yo también debemos ofrecer en nuestro servicio.

Esta es la misma actitud con la que Pablo sirvió a los demás, como lo expresó el apóstol: "fuimos tiernos entre vosotros, como la nodriza que cuida con ternura a sus propios hijos. Tan grande es nuestro afecto por vosotros... hubiéramos querido entregaros... nuestras propias vidas... habéis llegado a sernos muy queridos" (1 Ts. 2:7-8). El amor es un fruto del Espíritu (Gá. 5:22), y como es un amor revestido del poder divino, el servicio que usted preste tendrá energía suficiente para aplicarse dondequiera que sea necesario. No olvide que una actitud de amor verdadero empieza en su propio hogar con el sacrificio amoroso por su esposa y sus bellos hijos.

Consejo #7: *Sirva de forma sacrificada.* Por definición, un siervo se sacrifica por las necesidades de aquellos a quienes sirve. La pregunta es: ¿Cuán dispuesto está usted a ofrecer su servicio por las necesidades de otros? Pablo dijo que estaba dispuesto a trabajar día y noche para servir. Por eso escribió: "os acordáis, hermanos, de nuestro trabajo y fatiga; cómo trabajando de noche y de día, para no ser gravosos a ninguno de vosotros" (v. 9). ¿Tiene usted esa clase de actitud cada vez que su servicio es solicitado? ¿Sirve usted con una disposición permanente al sacrificio?

Mientras escribo estas palabras recuerdo a otro hombre que sirvió de forma sacrificada. Ni siquiera sabemos su nombre pero estamos al tanto de su servicio sacrificado. Jesús contó su historia en Lc. 10:30-37. Le llamamos el buen samaritano, y a continuación me permito enumerar los elementos de su servicio sacrificado a favor de un completo extraño:

- Sacrificó su tiempo al detenerse para ayudar a un herido.
- Sacrificó sus posesiones al usar todos los recursos necesarios para atender las heridas del extraño.
- Sacrificó su medio de transporte personal para llevar el moribundo a una posada.
- Sacrificó su propia vida al asumir responsabilidad por el cuidado del hombre.
- Sacrificó su dinero al entregar su propio salario y "firmar un cheque en blanco" como pago por adelantado al dueño de la posada para asegurar el cuidado ininterrumpido del hombre herido.

Hermano mío, esto es lo que significa servir de forma sacrificada ¿Cree usted que el samaritano tuvo influencia en el hombre herido?

La Biblia no lo dice, ¡pero podemos imaginar la clase de huella que dejó en su vida!

Si usted lee bien la historia del buen samaritano, también notará que se mencionan otros dos hombres: un sacerdote y un levita. Ellos también vieron al hombre herido pero siguieron de largo. No tuvieron contacto con el hombre necesitado y tampoco ejercieron la más mínima influencia en su vida. Creo que usted estará de acuerdo conmigo sobre la enseñanza de esta historia gráfica: *Cuanto más grande sea nuestro sacrificio, mayor será la influencia que podemos ejercer.*

Consejo #8: *Sirva sin reprensión ni culpa.* Con este consejo, Pablo nos lleva de vuelta al #3, *sirva con integridad.* Pablo escribió: "Vosotros sois testigos, y Dios también, de cuán santa, justa e irreprensiblemente nos comportamos con vosotros los creyentes" (1 Ts. 2:10). La palabra "irreprensiblemente" significa que nadie puede traer acusaciones válidas contra usted. La integridad es su escudo invisible y ninguna acusación le puede ser imputada. ¿Cree usted que Dios quiere que sus siervos sean puros? Supongo que usted sabe la respuesta: *¡sí!* Por eso es que Dios requiere que cada uno de sus líderes en el servicio sea "irreprensible" (2 Ti. 3:2, Tit. 1:6). Amado hermano, Dios requiere lo mismo de nosotros como sus siervos. Si nos esmeramos en tener una vida pura, nuestro servicio adquirirá una cualidad por encima de toda reprensión y culpa. Nuestro servicio estará motivado por el deseo de agradar a Dios y ayudar a los demás sin egoísmo y con abnegación.

Consejo #9: *Sirva para nutrir.* ¿Se da usted cuenta de que así no diga una sola palabra a quienes sirve, de todas maneras les enseña muchas cosas? Usted nutre a los demás mediante su ejemplo de semejanza a Cristo en el servicio abnegado. Pablo hizo esto, como lo explica: "sabéis de qué modo, como el padre a sus hijos, exhortábamos y consolábamos a cada uno de vosotros, y os encargábamos que anduvieseis como es digno de Dios" (1 Ts. 2:11-12). ¿Qué esposa no sería edificada y animada por un esposo que la amara con la clase de servicio sacrificado que Cristo demostró a sus discípulos? ¿Qué hija o hijo no sería motivado e inspirado a seguir a Cristo tras ver el amor de Cristo demostrado y modelado por su propio papá? Lo mismo se cumple en las demás relaciones humanas. Nuestro servicio nutre a los demás en el hogar, la iglesia o el lugar de trabajo, y no solo suministra auxilio, ánimo y esperanza sino que también les mostrará el camino a Dios y a una manera piadosa de comportarse.

Estos consejos forman una lista extensa, ¿no es así? Los comentarios de Pablo acerca de su estadía de apenas tres semanas entre los habitantes de Tesalónica nos permiten aprender nueve grandes verdades acerca de lo que significa tener un corazón servicial. Puesto que Pablo estuvo con ellos tan poco tiempo, podríamos preguntarnos qué clase de efecto pudo tener Pablo en ellos, y le aseguro que si usted lee todo el relato con atención (incluido 1 Ts. 1:5-9), encontrará los siguientes elementos de la influencia que Pablo ejerció en los tesalonicenses mediante su servicio de corazón:

Se convirtieron en cristianos.

Empezaron a imitar la vida de Pablo.

Se animaron a imitar al Señor mismo.

Se convirtieron en buen ejemplo para los demás.

Fueron mensajeros del evangelio a todos sus semejantes.

La influencia de Pablo se hizo sentir aun durante esa breve visita. Pablo no solo dejó una huella en esta gente sino que ellos también dejaron una buena impresión en los demás. La influencia de Pablo se sintió en una extensa área geográfica gracias al efecto que produjo en un grupo de personas que se animaron a seguir su ejemplo de servicio abnegado. Nunca seamos culpables de subestimar el poder de un hombre con actitud de siervo.

## Cómo empezar una vida de servicio

Espero que usted ya sepa cómo puede influenciare a otros mediante una actitud servicial, y que se pregunte dónde puede empezar a aplicar este principio. Permítame ofrecerle algunos puntos que debe tener en cuenta al empezar su recorrido por el camino maravilloso del servicio cristiano.

*La actitud de servicio no es natural.* Empiece con la oración para que Dios obre en su corazón, ningún hombre es el siervo que *podría* ser. Pida a Dios que le convierta en el siervo que usted debería ser.

*El servicio no es un oficio sino un ministerio.* Empiece a servir con humildad. La influencia verdadera siempre asume la postura de un servicio abnegado.

*El servicio empieza en casa.* Empiece a servir las personas que viven bajo su propio techo: su esposa y sus hijos. Lo que usted sea en casa es su verdadera identidad.

*El servicio es un estilo de vida.* Aproveche todas las oportunidades para servir a los demás. Un siervo no trabaja medio tiempo sino que se compromete del todo a servir en cada área de su vida.

*El servicio no tiene motivos egoístas.* Empiece con el sacrificio de su tiempo, su dinero y sus energías por las necesidades de los demás. Un siervo da sin pedir algo a cambio.

*El servicio es nuestro llamado.* Empiece por actuar como un siervo y ejecute las tareas que su Maestro le ha asignado. ¡Aprópiese del llamado y cumpla su ministerio!

*El servicio no requiere adiestramiento.* ¡Empiece hoy mismo! Ninguna excusa es válida, ¿qué espera?

## La influencia de un siervo

Servir a otros ejerce mucha influencia en los demás. Pudimos ver esto en los ejemplos elocuentes de Jesús, D. L. Moody y Pablo, así como en los dos ejemplos al principio del capítulo anterior:

En el transcurso de la vida, cierto hombre se dedicó con egoísmo a tomar de los demás y ejerció poca o ninguna influencia. Si dejó alguna huella, no tuvo carácter positivo.

Por otro lado, mi amigo Stan Miller pasó toda su vida dedicado al servicio de su familia y de cualquier persona que se cruzara en su camino. Su influencia piadosa fue y será sentida por muchas generaciones.

Ahora, mi amigo, ¿cuál de estos hombres será el ejemplo que usted seguirá en su vida? ¿Se dedicará a servir o a ser servido? La decisión es suya, y recuerde esto:

*Cuanto mayor sea el nivel de su servicio a los demás,*
*mayor será el nivel de su influencia sobre los demás.*

*La cualidad de su vida será determinada por la profundidad de su compromiso a la excelencia, sin importar el campo de acción que elija.*

–Vince Lombardi

17

# Un compromiso a la excelencia

*Y todo lo que hacéis, sea de palabra o de hecho,*
*hacedlo todo en el nombre del Señor Jesús.*
—Colosenses 3:17

El capitán del avión habló por el altavoz con tono jovial y anunció que íbamos en el turno número quince en la fila de espera para despegar. Como habíamos guardado todas las cosas en preparación para el despegue, mi esposa Elizabeth y yo quedamos allí sentados sin algo que hacer. Si su trabajo le requiere viajar mucho por avión, me imagino que esto le debe parecer un pecado imperdonable, ya que ¡todo el tiempo que se pasa en aeropuertos y aviones debe aprovecharse para trabajar!

Mientras esperábamos en la pista del aeropuerto internacional de Chicago, empezamos a ojear el catálogo de compras que todos los pasajeros tenían frente a sus rodillas. Como podrá imaginarse, estábamos bastante inquietos y buscamos algo que hacer para no desesperarnos. En el catálogo nos fijamos en una colección interesante de cintas grabadas que llevaba por título "los 100 mejores seres humanos del mundo". ¿Se puede imaginar el honor de quedar incluido en esta lista entre todos los miles de millones de seres humanos que han pasado por el planeta tierra? Mi esposa y yo nos preguntamos *quiénes serían esas 100 personas y por qué su influencia fue tan grande. ¿Qué habían hecho para ser incluidos en una lista tan exclusiva?*

Estas preguntas eran tan inquietantes que hice algo sin precedentes: utilicé el teléfono que facilitan a los pasajeros e hice una llamada por cobrar para que me enviaran las grabaciones. Tan pronto terminé de hacer el pedido, el capitán del avión volvió a hablar para anunciarnos que ya casi era nuestro turno de despegar, ¡solo había diez aviones delante de nosotros!

## Definamos excelencia

Mientras esas preguntas seguían dando vueltas en mi cabeza, por fin llegaron a mi casa las cintas grabadas y abrí de inmediato la caja para empezar a escuchar y aprender sobre esta gente de influencia, hombres y mujeres con "personalidades exitosas" como les describía el material. Empecé a notar un hilo común que conectaba las vidas de estos grandes: Todos y cada uno de ellos tenían un compromiso firme con la excelencia. Sus vidas de influencia y éxito ardían con el deseo intenso de hacer siempre los mejores esfuerzos en sus respectivos campos de acción o desempeño público y privado.

Eso es lo que significa excelencia: Hacer lo mejor que usted pueda. Esto nos lleva a nuestra siguiente señal visible de un hombre de influencia, su compromiso a vivir una vida de excelencia.

Muchos de los "100 más grandes del mundo" se comprometieron a vivir en excelencia porque veían su vida como una mayordomía. Ese también debería ser nuestro enfoque, por eso contamos con otra definición de excelencia:

> La excelencia consiste en ejercer al máximo los dones y las habilidades individuales dentro del rango de responsabilidades *asignado por Dios*.[38]

Esta es una definición muy importante porque nos recuerda que Dios es quien determina la medida de la excelencia que es única y exclusiva para cada uno de nosotros, por la sencilla razón de que Dios ha dado diferentes dones y habilidades a los suyos, y Él espera que usted y yo seamos buenos mayordomos de esos recursos.

Usted y yo debemos ver esta vida como la mayordomía que Dios nos ha asignado para su gloria y como una oportunidad maravillosa para cumplir sus deseos perfectos para nuestra vida. ¿Cómo podemos hacer esto? Me permito a continuación describir los elementos del tipo de mayordomía excelente que debemos ejercer como hombres de influencia:

*Ojos fijos en la meta.* Un hombre de influencia vive enfocado y no se deja distraer por las cosas que le rodean. Se concentra en los asuntos de mayor importancia porque sabe y acepta que no podrá hacer las cosas, y que tampoco las hará todas bien. ¿Qué meta grande de su vida le dará a conocer al mundo? Pablo entendió nuestra necesidad de mantener la mirada fija en la meta, por eso declaró "una cosa hago" y no "trato de sacar adelante muchos proyectos a la vez".

*Aptitud para encontrar soluciones.* Un hombre de influencia es creativo. Siempre piensa y todo el tiempo encuentra respuestas y soluciones nuevas. Es flexible, innovador y se esfuerza en todo momento para asegurar que las cosas funcionen bien.

*Curiosidad acerca del futuro.* Un hombre de influencia es un visionario. Es un pensador que se adelanta a las cosas, un planeador que considera con seriedad el futuro tanto en su vida personal y en su vida de negocios, como en su vida futura en la eternidad. Como visionario, tendrá una influencia poderosa y permanente sobre su generación porque es capaz de ver más allá que los demás. Es un hombre de fe porque la fe es una visión segura.

*Afición al cambio.* Un hombre de influencia es flexible. Tiene un deseo ardiente de conocer la verdad y está dispuesto a hacer todos los cambios que se necesiten en su vida.

*Aprendizaje humilde.* Un hombre de influencia tiene pasión para aprender de todo y de todos. Tiene una sed insaciable de crecer y está dispuesto a someterse con humildad a la influencia de aquellos que pueden ayudarle en su búsqueda de conocimiento. Se prepara para cualquier tarea mediante la investigación, la lectura y el adiestramiento. Un hombre con espíritu dispuesto al aprendizaje nunca será detenido por los obstáculos que se le presenten. Se dice que el aprendizaje continuo es el requisito mínimo para el éxito en cualquier campo. Esta pasión por el aprendizaje fue un elemento importante en la influencia de Henry Stanley, quien vivió en el siglo diecinueve y empezó su vida con todas las desventajas que usted se pueda imaginar. Fue abandonado por su madre a los dos años de nacido y creció en medio de la pobreza. Stanley pudo utilizar esta excusa (como lo hace la mayoría de personas en esta situación) y negarse la oportunidad de vivir una vida de influencia. Con su pasión por el aprendizaje se las arregló para convertirse en misionero y explorador en África, lo cual le llevó a convertirse en miembro del parlamento británico y a ser investido como caballero de la realeza en 1899.

*Valentía frente a los riesgos.* Un hombre de influencia no es insensato pero tampoco tiene temor de correr ciertos riesgos. Como no está dispuesto a contentarse con la comodidad, puede transgredir las convenciones si cree que esto contribuirá a cumplir la voluntad de Dios para su vida. Mientras viví en Singapur con mi familia, tuve el privilegio de conocer al bisnieto de Hudson Taylor quien fue fundador de la misión continental a la China. Aunque este hombre sintió que Dios le había mandado a ser misionero en China, ninguna junta misionera quiso respaldar su iniciativa. Por eso fundó su propia misión para alcanzar a los chinos, y por su disposición a asumir todos los riesgos, muchos otros se unieron a él y cientos de misioneros fueron enviados bajo su auspicio y cobertura ministerial. Todas estas personas fueron una gran influencia por la causa de Cristo, todo gracias a que Dios pudo usar a un hombre que estuvo dispuesto a aceptar un riesgo.

*Resistencia a la oposición.* Un hombre de influencia está dispuesto a soportar dolor, sufrimiento y persecución con el fin de satisfacer las demandas de Dios sobre su vida. Perseverará en medio y a través de todos los obstáculos y la cruenta oposición. Ya hemos considerado la vida de adversidad del apóstol Pablo: las prisiones, los azotes, las traiciones, las intrigas, las persecuciones, etc. (2 Co. 11:23-27). Como alguien escribió: "en medio de ese terreno pedregoso creció el fruto de su ministerio. La adversidad produce carácter, perspectiva y visión en la vida de un líder".[39]

*Aceptación del fracaso como experiencia de aprendizaje.* Un hombre de influencia tiene sustancia y constancia, por lo cual es capaz de salir a flote después de hundirse en el fracaso. De hecho, utiliza sus fracasos como experiencias de aprendizaje. Cada paso es un paso adelante y ninguna derrota es definitiva. Cada vez que pienso en este elemento de la excelencia, recuerdo a Thomas Alva Edison, el gran inventor de la bombilla eléctrica que procedió a lo largo de diez mil intentos fallidos antes de inventar la lámpara incandescente.

*Convicción sobre lo que se hace.* Un hombre de influencia tiene convicción. Todo lo que discierna como la voluntad de Dios para su vida se convierte en objetivo cardinal de su existencia y enfoque de todas sus energías. Por eso puede sobreponerse a grandes dificultades en medio del cumplimiento de la tarea actual. Su confianza no reposa en sus propias habilidades sino en la capacidad de Dios para obrar a pesar y a través de su capacidad limitada. Como el misionero y mártir Jim Elliot exhortó: "Vive al máximo cualquier situación que según creas es la voluntad de Dios".

*Visión clara de un propósito superior.* Un hombre de influencia tiene un sentido cierto del llamado de Dios en su vida. Bien sea un ministro, un misionero, un carpintero o un electricista, hace su trabajo como un encargo directo del Señor y para el Señor (Col. 3:23). Está motivado a vivir todas las áreas de su vida "al máximo", para gloria de Dios y bien de los demás.

*Excelencia*. Hermano mío, ¡no salga de su casa sin ella! Esfuércese en la gracia de Dios para vivir cada día a plenitud, al máximo y con excelencia. Por supuesto, esto requiere un compromiso firme. Como Vince Lombardi dijo en la cita incluida al comienzo de este capítulo: "La cualidad de su vida está determinada por la profundidad de su compromiso a la excelencia, sin importar el campo de acción que elija".

## La determinación para convertirse en hombre de excelencia

La pregunta para usted y para mí hoy es la siguiente: ¿Qué tan serio es nuestro compromiso a la excelencia? Un escritor audaz dividió a los seres humanos en cuatro tipos, en relación con la realidad del compromiso en su vida:

- *Los desganados*. Gente que no tiene metas ni hace compromisos.
- *Los melindrosos*. Gente que no sabe si puede alcanzar sus metas, por eso tienen miedo de comprometerse.
- *Los diletantes*. Personas que emprenden el recorrido hacia una meta pero se dan por vencidas ante el primer obstáculo.
- *Los intrépidos*. Gente que establece metas, se compromete a cumplirlas y pagan el precio de alcanzarlas.[40]

Estoy seguro de que su deseo es salir invicto en cada uno de sus compromisos y ser un hombre intrépido que deja una huella indeleble en la humanidad. Con ese deseo en mente, quiero presentarle algunas ideas para mejorar su desempeño en cuanto a la adopción y el cumplimiento de sus compromisos.

*Determine qué áreas de su vida necesitan un compromiso más firme*. Su manera de gastar su tiempo y sus energías es el mejor indicador de su enfoque e interés. Examine su calendario y su chequera para determinar a qué cosas se ha comprometido en el pasado. Pregúntese si estas son las prioridades correctas para usted como un hombre cristiano. Determine si estos intereses le capacitarán para ejercer una influencia duradera. Es posible que usted tenga que reajustar sus prioridades. Si es un adicto al trabajo, un fanático a los deportes o un materialista empedernido, tal vez necesite ayuda para establecer las prioridades correctas en su vida. Recuerde que las cosas de Dios deben ser su primera prioridad. Como nos lo recuerda el versículo de las Escrituras para este capítulo: "todo lo que hacéis, sea de palabra o de hecho, hacedlo todo en el nombre del Señor Jesús" (Col. 3:17).

*Determine la medida de compromiso que se necesita.* Algunas áreas de su vida requieren más compromiso que otras. Por ejemplo, el ejercicio precisa cierto grado de compromiso, pero no el mismo nivel de compromiso que su trabajo. Pida a Dios que le ayude a discernir el nivel de compromiso requerido en cada área de su vida, y recuerde siempre que la excelencia debería ser su meta en todas las áreas que usted se haya comprometido a mejorar. ¡De esto depende su grado de influencia!

*Determine si está dispuesto a elevar su grado de compromiso.* Tras someter a examen y oración sus prioridades y el nivel de compromiso que se necesita en cada área de su vida, el siguiente paso es determinar si está dispuesto a pagar el precio de la excelencia. Ser un hombre cristiano de influencia en pleno crecimiento va a costarle. Ser la clase de esposo que la Biblia le llama a ser va a costarle. Ser un buen padre y un trabajador ejemplar le costará, así como servir en su iglesia. El compromiso con la excelencia siempre incluye un alto precio que pagar.

*Determine qué se requerirá para cumplir sus compromisos.* En primer lugar, pida a Dios que le ayude a cumplir los compromisos que se proponga hacer realidad para su gloria y el bien de los demás. En segundo lugar, recuerde que Dios le ha pasado la batuta en "la carrera de la vida". Hay otras personas que dependen de su cumplimiento fiel de los compromisos que ha asumido, bien sea en el hogar, en el trabajo o en la iglesia. Por favor, no tire la toalla ni suelte la batuta le han pasado, ¡cumpla sus compromisos!

### *Una oración para meditar*

Señor, quiero agradecerte por haberte comprometido a asegurar mi salvación en Jesucristo. Te pido que me ayudes a mantener mi compromiso de vivir conforme a los parámetros de tu Palabra. Por favor dame sabiduría para determinar mis prioridades. También pido que tu Espíritu Santo me fortalezca para ser resuelto y hacer realidad esas prioridades. Que pueda aceptar el reto de una vida comprometida contigo. Desde este día en adelante, mientras procuro convertirme en un hombre de influencia, permite que sea conocido como alguien que cumple sus compromisos sin importar el costo. Amén.

*Si pudiera volver a vivir mi vida, la viviría para cambiar las vidas de otras personas, porque uno no logra cambiar una sola cosa hasta que haya cambiado la vida de sus semejantes.*

–Warren Webster[41]

18

# Una pasión como mentor

*Lo que has oído de mí ante muchos testigos, esto encarga a hombres fieles que sean idóneos para enseñar también a otros.*
—2 Timoteo 2:2

El tema de los mentores se ha puesto de moda en tiempos recientes. Se han escrito numerosos libros tanto en el mundo de los negocios como en el medio eclesiástico sobre el tema de tener y ser un mentor.

¿Alguna vez se ha preguntado de dónde proviene el concepto de mentor? El tema es muy interesante para mí, así que en mi pequeña investigación descubrí que la palabra *mentor* tiene una historia bastante peculiar. Según parece, el poeta griego Homero del siglo octavo antes de Cristo, escribió en su obra magna *La odisea* acerca de un hombre llamado *Mentor* quien fue el amigo del guerrero Odiseas, y mientras este estuvo ausente para batallar en la guerra de Troya, Mentor quedó encargado de la enseñanza, la tutela y la protección del hijo de Odiseas, llamado Telémaco. Mentor fue fiel en el cumplimiento de su responsabilidad y se convirtió en un buen "mentor" para Telémaco hasta que su padre regresó muchos años después.

Esta, amigo mío, es una ilustración estupenda del significado de la palabra *mentor*. En nuestra cultura actual, cualquier persona que tenga cierta experiencia como consejero, patrocinador, maestro o tutor, se arroga el título de *mentor* en la tradición del amigo fiel de Odiseas.

## La influencia de un mentor

Con mi agenda tan ocupada, no tengo mucho tiempo para pasatiempos. Trato de trotar con frecuencia y a veces levanto pesas, pero por lo general solo me dedico al trabajo. Algo que sí disfruto mucho es visitar librerías dondequiera que me lleve el trabajo o el ministerio.

Por razones obvias prefiero librerías cristianas, pero también disfruto otros tipos de librerías. Me encanta ojear la mayor cantidad de libros que pueda mientras busco los que de verdad quiero comprar. Mis áreas particulares de interés son temas como el liderazgo, el discipulado, la tutoría y el ejemplo de los mentores, los estudios bíblicos y la vida cristiana. En el transcurso de los años he notado que muchos libros van dedicados al doctor Howard Hendricks, profesor de educación cristiana en el seminario teológico de Dallas.

El doctor Hendricks representa en muchos sentidos lo que queremos cubrir en este capítulo sobre los requisitos para convertirnos en hombres de influencia, sobre todo en lo referente a tener una pasión para ser mentores de otros hombres. "Howie" (como muchos de sus amigos le llaman) ha enseñado, adiestrado e influenciado a cientos de hombres en el seminario donde ha enseñado durante más de 30 años. Los hombres que se graduaron del seminario bajo la tutela de Howie ocupan posiciones de influencia en el mundo entero. En el transcurso de los años, estos hombres han seguido el ejemplo de su mentor y transmitido a otros lo que el doctor Hendricks les transmitió a ellos.

De hecho, ahora mismo tengo en mis manos un libro que trata el tema de la excelencia. Adivinó bien, el prólogo fue escrito por Howard D. Hendricks. Este libro, al igual que muchos otros libros y hombres influyentes, son evidencias de un hecho innegable, y es que el doctor Hendricks vive en la práctica la exhortación del apóstol

Pablo a su joven discípulo Timoteo, acerca de enseñar y adiestrar a las generaciones futuras: "Lo que has oído de mí ante muchos testigos, esto encarga a hombres fieles que sean idóneos para enseñar también a otros" (2 Ti. 2:2). Este hombre nos da ejemplo de una vida consagrada al cumplimiento de esa comisión.

## El ejemplo de un buen mentor

Mucho antes de que la palabra *mentor* se pusiera de moda, Pablo fue maestro y tutor al igual que Mentor, con la diferencia de que no solo adiestró a un joven sino a muchos hombres de Dios. Pablo auspició, enseñó y adiestró una gran cantidad de hombres y mujeres durante sus más de 20 años de ministerio. Creo que Pablo pudo pronunciar las ahora famosas palabras al final de su vida "he acabado la carrera" (2 Ti. 4:7), en gran parte porque tuvo éxito en transmitir a otros lo que había recibido de Dios. Por eso dijo a los líderes de Éfeso: "no he rehuido anunciaros todo el consejo de Dios" (Hch. 20:27). Pablo no negó su conocimiento y experiencia a todo el que mostrara interés en aprender de él. Transmitió con generosidad incondicional todo lo que sabía.

La Biblia no nos dice cómo ni cuando terminó la vida de Pablo, quizás porque en cierto sentido su vida no acabó. El famoso predicador Juan Wesley dijo: "Dios entierra a sus obreros pero su obra nunca se detiene". Amado amigo, Dios enterró a su siervo Pablo pero la influencia de Pablo como mentor continuó sin interrupción a través de:

*El joven Timoteo.* Timoteo es el pupilo de Pablo que más se conoce. Pablo había trabajado durante 15 años con Timoteo y al final de los días de Pablo en esta tierra, Timoteo había madurado como pastor de la iglesia "madre" en Éfeso que ejerció influencia en Asia menor. La enseñanza de Pablo se mantuvo viva en la vida y el ministerio de Timoteo, quien tuvo la responsabilidad de cumplir una de las últimas exhortaciones del apóstol: "Lo que has oído de mí ante muchos testigos, esto encarga a hombres fieles que sean idóneos para enseñar también a otros" (2 Ti. 2:2).

*El joven Tito.* Tito fue otro hombre joven que tuvo por mentor a Pablo. Como Timoteo, Pablo había confiado a Tito mayores responsabilidades a medida que maduraba en la fe. A causa de la tutela esmerada que recibió, el legado y la enseñanza de Pablo continuaron a través de la vida y el ministerio de Tito.

*Muchos otros.* Además de Timoteo y Tito, una multitud de hombres y mujeres recibieron la influencia transformadora de Pablo. Por ejemplo:

- Pablo tuvo discípulos desde el principio de su ministerio en Damasco, y ellos le ayudaron a escapar de sus enemigos (Hch. 9:25). La influencia de Pablo continuó en la vida de estos seguidores fieles y valientes.
- Pablo tuvo discípulos en su primer viaje misionero que estuvieron con él aun en medio de gran persecución (Hch. 14:19-20). A pesar de situaciones difíciles, la influencia de Pablo nunca dejó de sentirse en las vidas de estos discípulos denodados.
- Pablo dejó muchos discípulos amados al salir de Éfeso. De hecho, los ancianos de esa iglesia demostraron su devoción a Pablo al viajar más de 40 horas para pasar unos cuantos momentos con su amado mentor mientras iba de paso hacia Jerusalén (Hch. 20:17-18). Al salir de Éfeso, Pablo "se puso de rodillas, y oró con todos ellos. Entonces hubo gran llanto de todos; y echándose al cuello de Pablo, le besaban, doliéndose en gran manera por la palabra que dijo, de que no verían más su rostro. Y le acompañaron al barco" (Hch. 20:36-38). La influencia de Pablo continuaría sin duda alguna en las vidas de estos hombres devotos.

¡Qué nivel de influencia! Pablo dejó una huella indeleble en la vida de muchos, y podemos estar seguros de que ellos nunca fueron los mismos tras su encuentro con él.

## El mentor más grande de todos

Llegó el momento de concentrar nuestra atención en el ministerio de discipulado y tutela del mentor más grande en toda la historia humana: Jesucristo. Por supuesto, sería necesario dedicar un libro entero a Él, porque Jesús fue sin lugar a dudas el mentor más grande de todos los tiempos. Él estableció el modelo a seguir para todos los demás. Tomó a un grupo disparejo de hombres sin educación y en tres años los moldeó hasta convertirlos en una fuerza que trastornó por completo el mundo religioso de su tiempo. ¡Eso sí que es influencia! ¿Cómo lo hizo?

1. Selección. Por medio de la oración, Jesús seleccionó a 12 hombres.
2. Asociación. Jesús pasó tiempo con los suyos.
3. Consagración. Jesús exigió obediencia.
4. Entrega. Jesús se entregó a sí mismo por completo, hasta el punto de dar su propia vida.
5. Demostración. Jesús les dio un ejemplo perfecto de vida piadosa.
6. Delegación. Jesús asignó a sus discípulos un trabajo que hacer.
7. Supervisión. Jesús vigiló el progreso de sus hombres.
8. Reproducción. Jesús esperó que sus discípulos hicieran más discípulos.[42]

## Su influencia como mentor

Como puede ver en las vidas de hombres como Pablo y Howard Hendricks, así como también en el ejemplo glorioso de nuestro Señor, la influencia significativa y perdurable requiere una inversión de tiempo e interés en la vida de otras personas. Usted no podrá tener influencia sin establecer contacto significativo. Cuanto más se acerque a otra persona, más influencia tendrá en su vida.

Por eso debo hacerle la pregunta difícil: ¿A quién se ha acercado usted? ¿En quién deposita ahora mismo su vida? ¿Podrá decir algún día "he acabado la carrera" porque ha equipado a otros para continuar su filosofía, su vida, su ministerio, su influencia? ¿Hay otras personas que hayan recibido tal influencia de su vida que sus ideales, sus principios y su visión seguirán vivos mucho tiempo después de su muerte? Estas son preguntas difíciles pero importante que todos necesitamos hacernos antes que sea demasiado tarde para ejercer influencia en los demás.

## Desarrolle la pasión de un mentor

Al llegar a la iglesia donde mi familia había pasado sus primeros 30 años en la vida cristiana, yo era un creyente muy inmaduro. No tenía ni idea de lo que Dios esperaba de mí como esposo, padre, proveedor, miembro de la iglesia o testigo suyo.

¿Qué hice para obtener la ayuda que tanto necesitaba? Empecé a buscar en la iglesia a hombres que fueran maduros en las áreas donde yo era débil. Les pedí que fueran mis mentores, y aunque algunos de ellos eran más jóvenes que yo, sabía que necesitaba su ayuda porque iban mucho más adelante que yo en el camino hacia la madurez.

A medida que maduré en mi fe y crecí en el entendimiento de mis funciones, empecé a sentir la responsabilidad de transmitir a otros lo que me habían enseñado. Al crecer, la pasión de ayudar a otros también se hizo más fuerte. Hoy, 30 años después, recibo cada semana entre 10 y 20 mensajes electrónicos, llamadas telefónicas o cartas de hombres que me cuentan cómo he influenciado sus vidas. Al decir esto no pretendo jactarme de mis logros, de hecho me gustaría recibir un mayor número de mensajes y haber influenciado a muchos más de los que alcancé. También me gustaría haber despertado mucho antes a las oportunidades que tuve para ser un hombre de influencia desde mi juventud.

Hombre de Dios, ¡empiece a crecer! A medida que crece, Dios le dará la misma pasión que hombres como Jesús, Pablo y Howard Hendricks tuvieron para convertirse en mentores de otros hombres de Dios.

Así, como dice el título del capítulo siguiente, nos haremos acreedores de una *¡influencia para toda la vida!*

*Un día Dios le enterrará como obrero suyo. Su vida física llegará a su fin, pero su influencia no terminará. El obrero de Dios se habrá ido, pero la obra de Dios continuará sin interrupción.*

–Jim George

19

# Una influencia de por vida

*Lo que aprendisteis y recibisteis y oísteis y visteis en mí, esto haced; y el Dios de paz estará con vosotros*
—Filipenses 4:9

En una de mis visitas a la India, mi amigo Chris Williams, quien es todo un hombre de influencia, me llevó a visitar un misionero que estaba a punto de retirarse. Lo encontramos mientras trataba de vender todo su equipo antes de regresar a casa, y durante la conversación le pregunté dónde estaban sus hombres, dónde estaban los que le tuvieron como mentor, y a quienes adiestró para que le reemplazaran en el ministerio tras su retiro.

Debo decir que no estaba preparado para la respuesta que me dio este hombre de edad. ¡No había dejado un solo discípulo! No había adiestrado ni preparado seguidores suyos, así que este hombre piadoso junto a su familia había sacrificado 25 años de su vida en un país pobre y subdesarrollado, ¿a cambio de qué? En términos humanos, todo ese sacrificio parecería injustificado. ¿Por qué? Porque no quedaron discípulos que continuaran su ministerio ni una influencia duradera que pudiera transmitirse en las vidas de otros.

## No pierda sus oportunidades

¡Esto fue alarmante para mí! Espero que también lo sea para usted. Hermano, no permita que su vida pase sin que se haya propuesto ejercer una influencia positiva en los demás. ¡Usted tiene mucho que dar! En este libro usted ha aprendido cómo puede dar de sí mismo a Dios en obediencia y disciplina, de su propia vida a otros por medio de fijarse metas correctas, con el uso de sus dones espirituales y con un corazón de siervo. De todas estas maneras, usted puede asegurarse de tener preparado un legado para...

*Su esposa.* Si es casado, tiene una de las oportunidades más grandes: Dejar una influencia perdurable en la persona que está más cerca de usted en el ámbito físico, emocional y espiritual. Asegúrese de que antes de morir usted transmita una influencia piadosa a su esposa, y tenga en cuenta que las estadísticas de las compañías de seguros indican que lo más probable es que usted muera antes que su esposa.

Querido hermano, usted debe impartir a su esposa dulce y fiel un fundamento espiritual fuerte para que ella esté mejor equipada para enfrentar todo lo que le aguarde en el futuro. Eso significa que usted debe ser un líder espiritual fuerte. No se limite a dejar recuerdos personales, por bellos que puedan ser. Los recuerdos se desvanecen con el tiempo. Tampoco deje nada más que seguridad financiera. El dinero se encargará de las necesidades físicas y eso es importante, pero más allá de estas "cosas", procure dejar algo mucho más grande. Deje una torre de fortaleza espiritual que se construya hoy mismo a través de un ejemplo piadoso. Deje algo que ejerza influencia perdurable y verdadera.

Además de su esposa, hay un legado maravilloso que podrá recibir su fe, sus prioridades, sus principios y su visión:

*Sus hijos.* El legado más grande que usted puede dejar es otra generación piadosa. En términos humanos, el cristianismo está al borde de la extinción con cada generación que pasa. ¿Quién servirá como testigo a la generación siguiente? *¡Usted!* Suya es la responsabilidad de transmitir a sus hijos la verdad acerca de Cristo y la vida cristiana. Su fe debería convertirse en la fe de ellos. Ahora bien, todos sabemos que no podemos otorgar salvación a nuestros hijos. No podemos darles vida eterna. Por supuesto, ese es el trabajo de Dios, pero usted y yo podemos suministrarles una influencia piadosa en el hogar para encaminarles en dirección al Salvador. La realidad de Jesucristo primero debe ser evidente en su vida y mi vida antes de que podamos encaminar a nuestros hijos hacia esa misma realidad.

Ahora bien, debo advertirle si acaso no ha notado esto todavía, es posible que sus hijos se resistan a su enfoque cristiano. Puede ser que tengan objeciones frente a sus parámetros cristianos. Tal vez se quejen de su dirección para sus vidas, pero no ceda terreno. Hay una guerra encarnizada por sus almas y su pureza, así como hay una guerra por su propia alma y pureza. Cumpla su parte y suministre una influencia piadosa, después confíe en Dios quien hará el resto.

*Sus hermanos cristianos.* Es posible que usted lea este libro y no tenga una familia. Pues bien amigo mío, todos tenemos la oportunidad de influenciar a nuestros hermanos en la fe, tanto ahora como en el futuro. Como Pablo, Timoteo y Tito, usted tiene la oportunidad de pasar su vida como mentor de otros creyentes. Usted puede hacer de 2 Ti. 2:2 el versículo que define su vida: "Lo que has oído de mí ante muchos testigos, esto encarga a hombres fieles que sean idóneos para enseñar también a otros".

Tengamos o no una familia, todos somos llamados a ser mentores para otros creyentes en la iglesia. Debemos tomar la iniciativa para buscar a los que podamos ayudar en el camino de la fe. Como Pablo, necesitamos ponernos al lado de un Timoteo o un Tito y supervisar su crecimiento en la madurez, para asegurar que florezcan y fructifiquen en su servicio a la iglesia. ¿Cómo puede usted convertirse en esa clase de mentor en su iglesia?

- En primer lugar, como lo dije antes, usted debe crecer siempre en su propia fe. No puede impartir a otros lo que no posea en sí mismo.

- En segundo lugar, entienda y desarrolla sus dones espirituales. Como aprendimos antes, Dios le ha dado capacidades espirituales especiales con el propósito de servir a otros y edificar su iglesia local. Si lee y estudia lo que la Biblia dice sobre los dones espirituales, podrá entender la importancia de estas herramientas dadas por Dios (véase Ro. 12:4-8; 1 Co. 12:1-31; 1 P. 4:10-11). Con los dones de Dios, usted puede ejercer influencia en la vida de otros cristianos. No descuide el descubrimiento, desarrollo y uso de sus dones.
- En tercer lugar, busque a hombres que quieran crecer en su fe. En particular, busque a hombres que se caractericen por ser fieles, disponibles y dispuestos a ser enseñados:

*Fidelidad.* Busque hombres fieles, hombres que estén en el lugar y el momento en que se supone que deben estar. Busque a hombres en los que pueda contar y cuya palabra sea íntegra. La fidelidad es difícil de encontrar pero es una cualidad indispensable.

*Disponibilidad.* Busque a hombres que estén disponibles, que estén dispuestos a dar su tiempo y energías para ser adiestrados y equipados para la vida y el ministerio. Dios no solo busca gente hábil, ¡Él busca a gente disponible! Usted debería hacer lo mismo.

*Disposición a la enseñanza.* Busque hombres que se dejen enseñar. Busque a los que quieren aprender, y de manera específica, hombres que quieran aprender de usted. Tal vez piense: *¿Qué puedo ofrecer a otro hombre? ¿Qué tengo que otro hombre pueda beneficiarse de ello?* Pues bien, para mencionar una sola cosa, usted ha leído este libro y sabe algo que otra persona todavía no conoce. Al final de este libro hay preguntas de estudio que le servirán para dar este libro a otro hombre y discutir con él las preguntas propuestas. Encuentre a otros hombres y enséñeles lo que usted sabe.

Hay otra área en la que se necesita su influencia.

*Su mundo.* Muchas personas en su vida tienen poco o ningún contacto con un hombre cristiano aparte de usted. Tal vez vean a un "cristiano" en la televisión o lean acerca de cristianos en los diarios (por lo general en una luz negativa), o que les vean en el vecindario mientras salen cada domingo para la iglesia. No obstante, rara vez tienen un encuentro cercano con algún cristiano fuera de usted. Se ha dicho en un poema que "usted es una Biblia viviente que los hombres abren y leen todos los días. ¿Qué dice hoy el evangelio según *usted*?"

¿Qué clase de influencia ejerce usted en su vecindario? ¿Ha hecho una representación correcta del cristianismo? ¿Qué decir de su conducta en el trabajo? ¿Es considerado, amable y amistoso? ¿Está dispuesto a ayudar a otros para que tengan éxito, así sea a costa suya? ¿Se esfuerza en ser mentor de otros en el trabajo para que su empresa sea más eficaz y productiva? ¿Cómo son sus relaciones con los subordinados a usted? ¿Se dedica a desarrollarles o solo se limita a utilizarles? ¿Qué es lo que leen ellos en la Biblia de su vida?

## Cómo dejar un legado duradero

Querido amigo, hemos recorrido un camino largo para aprender acerca de cómo convertirnos en hombres de Dios con influencia. Hemos aprendido de las vidas de Cristo mismo, el discipulador y maestro por excelencia, del apóstol Pablo y de Howard Hendricks entre otros. Ahora la batuta se le va a entregar a usted en esta carrera de relevos. ¿Quiere tener una influencia perdurable? Estoy seguro de que al igual que yo, usted quiere que su vida se caracterice por cualidades positivas, sólidas, bíblicas y que honran a Cristo, las cuales sean dignas de transmitirse a otros. En ese caso, aquí le presento recomendaciones sobre cómo puede sentirse su influencia ahora y en las generaciones venideras.

- Sea un ejemplo constante de piedad. Empiece en casa.
- Crezca siempre en su fe. Dios no exige perfección, solo progreso. Crezca hacia la madurez y comunique a otros lo que aprenda.
- Crezca en sus aptitudes laborales. Dios espera que usted trabaje como si lo hiciera para Él (Col. 3:23).
- Esté al tanto de la influencia que ejerce sobre otros. Asegúrese de que sea una influencia positiva.

- Esté disponible. Sea en casa, en la iglesia o en el trabajo, otros necesitan su intervención personal en sus vidas.
- Sea un mentor. Usted no solo debe estar disponible sino tomar la iniciativa de capacitar a otros.
- Sea fiel, y así usted estará ¡realizado y completo!

Querido amigo, Dios le enterrará un día como su obrero así como sepultó a su siervo y obrero Pablo. Su vida física llegará a su fin, pero su influencia no terminará, no mientras usted se mantenga fiel en invertir su vida en su familia, sus amigos, sus compañeros de trabajo y los hermanos en la fe en su iglesia local. De este modo, su influencia vivirá a través de las vidas de aquellos a quienes haya servido durante su vida. El obrero de Dios partirá, pero la obra de Dios continuará sin interrupción. Usted como mensajero y mentor enviado por Dios se habrá ido, pero el mensaje de Dios no dejará de ser transmitido. Que su vida e influjo perduren por mucho tiempo, le deseo de todo corazón una vida de influencia duradera.

*¡Viva para siempre, amigo mío!*

# Preguntas de estudio para convertirse en un hombre de influencia

**Primera parte:** ***Los secretos de una vida de influencia***

*Capítulo 1: Perfil de un hombre de influencia*

1. Lea de nuevo el perfil del apóstol Pablo en las páginas 12–14. Escriba tres áreas de su vida en las que cree que ha hecho buen progreso, después escriba las tres áreas que requieren su atención inmediata.

2. Piense en la apariencia de Pablo, su edad y las adversidades que sufrió. ¿Puede identificarse con él en algún aspecto? ¿Cómo le anima la dedicación de Pablo para entrar en la carrera, perseverar en la carrera y seguir hasta el final?

3. ¿Cuál verdad de este capítulo tuvo mayor efecto en usted y por qué? Después de identificar la "verdad única" de este capítulo, escríbala en la "lista de verdades únicas" que se suministra en las páginas 201 y 202 al final del libro.

*Capítulo 2: Primer paso hacia la influencia*

1. Haga una descripción breve de su propio encuentro dramático con el Maestro.

2. Lea de nuevo las listas de verdades sobre el "antes y después" de la vida de un hombre antes de Cristo (p. 23) y después de Cristo (pp. 24–25). ¿Cómo le alientan estas verdades y en qué medida le hacen humilde?

3. ¿Cuál verdad de este capítulo tuvo mayor efecto en usted y por qué? Escriba esto en la "lista de verdades únicas" que se suministra en las páginas 201 y 202 al final del libro.

*Capítulo 3: Cómo vivir una vida de obediencia*

1. ¿Qué le gustó acerca del hombre Ananías? ¿Qué influencia tiene él en su vida?

2. ¿Qué le impresionó más de estos hombres de influencia (Abraham, Moisés y Daniel)? ¿En qué medida le animan ellos en su obediencia?

3. ¿Cuál verdad de este capítulo tuvo mayor efecto en usted y por qué? Añádala a su "lista de verdades únicas".

*Capítulo 4: Siga por el sendero de la obediencia*

1. Revise la manera como el sendero de la obediencia le lleva a lo inesperado, a la claridad y a la confianza a medida que usted escucha y toma una decisión a la vez. ¿Qué hizo más mella en su corazón y por qué?

2. Nombre una decisión que usted debe tomar. ¿Cómo cree que le pueden ayudar las cuatro cosas (mandatos, consejeros, circunstancias, su conciencia), y qué uso práctico les dará en su toma de decisiones?

3. ¿Cuál verdad de este capítulo tuvo mayor efecto en usted y por qué? Añádala a su "lista de verdades únicas".

*Capítulo 5: Cómo dominar los retos de la vida*

1. Repase este capítulo de nuevo y enumere los retos e impedimentos que pueden afectar la obediencia de un hombre. Señale los que más le afecten a usted.

2. Responda las preguntas en la página 54 para que pueda determinar su propia temperatura espiritual. ¿Qué medicamento espiritual puede aplicar hoy mismo (p. 54)?

3. ¿Cuál verdad de este capítulo tuvo mayor efecto en usted y por qué? Sobra decirlo, ¡añádala a su lista!

*Capítulo 6: Acepte el reto de vivir con denuedo*

1. Revise todo el capítulo y continúe la lista de retos y estorbos a la obediencia. De nuevo, señale los que más le afecten.

2. Escriba los cinco pasos sencillos para vivir una vida de influencia fuerte y denodada. ¿Qué paso dará hoy mismo?

3. ¿Cuál verdad de este capítulo tuvo mayor efecto en usted y por qué?

*Capítulo 7: Procure las disciplinas espirituales*

1. Piense en un atleta que usted admira. ¿En qué sentidos se asemeja y diferencia esa persona del apóstol Pablo?

2. En su Biblia, lea la última porción de 1 Ti. 4:7 y escríbala aquí para memorizarla. Después, enumere las tres características de la disciplina espiritual presentadas en este capítulo. ¿Cómo puede procurar la disciplina espiritual con mejores resultados, como un atleta que persigue el primer premio?

3. ¿Cuál verdad de este capítulo tuvo mayor efecto en usted y por qué?

*Capítulo 8: Práctica de disciplinas personales*

1. Este capítulo menciona los cinco pasos que conducen a una vida más disciplinada. Enumere aquí esos pasos.

2. Si es cierto que toda travesía empieza con un solo paso, ¿cuál es el primer paso que usted dará para mejorar su práctica de la disciplina personal, y cuándo lo dará?

3. Lea de nuevo la página titulada "la naturaleza de la disciplina". Marque las tres cosas que contribuirían a que su vida sea más disciplinada. ¿Qué hará al respecto y cuán pronto?

4. ¿Cuál verdad de este capítulo tuvo mayor efecto en usted y por qué? (No olvide añadirla a su "lista de verdades únicas").

*Capítulo 9: Adopción de metas para toda la vida*

1. Sí o no: ¿Ha puesto por escrito alguna de sus metas para la vida? En ese caso, revíselas ahora mismo. Si no es así, deténgase y saque su calendario para definir el tiempo que va a dedicar para el desarrollo de sus metas vitales. ¡Colóquelas por escrito!

2. Considere los beneficios de tener metas (pp. 89–91). Luego mida las áreas espiritual y mental de su vida. ¿Cómo puede mejorar y desarrollar estas dos áreas principales de su vida?

3. ¿Cuál verdad de este capítulo tuvo mayor efecto en usted y por qué?

*Capítulo 10: Definición de su propósito*

1. Dedique un momento a revisar en qué medida ha mejorado en las áreas espiritual y mental de su vida desde la semana pasada (en respuesta a la segunda pregunta del capítulo 9).

2. Revise de nuevo el capítulo 9 del libro y reconsidere los beneficios de tener metas. Después mida las áreas física, social y vocacional de su vida. ¿Cómo puede mejorar y desarrollar estas tres áreas importantes de su vida?

3. ¿Cuál verdad de este capítulo tuvo mayor efecto en usted y por qué?

*Capítulo 11: Puesta en práctica del plan de Dios*

1. Dedique un momento a notar cómo ha mejorado en las áreas física, social y vocacional de su vida.

2. Revise el capítulo 9 y considere de nuevo los beneficios de establecer metas concretas. Luego mida las áreas financiera, familiar y ministerial de su vida. ¿Cómo puede mejorar y desarrollar estas tres áreas básicas de su vida?

3. ¿Cuál verdad de este capítulo tuvo mayor efecto en usted y por qué?

*Capítulo 12: Cómo lidiar con la tentación*

1. Lea de nuevo la sección “dos hombres, dos decisiones, dos senderos”. ¿En qué medida describen esos dos escenarios algunas de las luchas y decisiones que usted ha enfrentado en su vida?

2. ¿En qué grado le animan las cuatro provisiones que Dios ha puesto a nuestra disposición para lidiar con las tentaciones? ¿Existe alguna provisión en particular que usted necesita usar hoy mismo?

3. ¿Cuál verdad de este capítulo tuvo mayor efecto en usted y por qué?

*Capítulo 13: Luchemos la batalla contra la tentación*

1. ¡La vida es una batalla! ¿Está usted de acuerdo o no? ¿Qué sucede al hombre que no reconoce que la vida es una batalla? ¿Qué dice Ef. 6:10-18 sobre la manera como usted puede prepararse para la batalla inevitable y experimentar victoria?

2. Revise los tres tipos de tentación discutidos en este capítulo. ¿Cuál enfrenta más usted en su vida diaria? ¿Qué recomendaciones le parecieron útiles para sus batallas contra la tentación? ¿Puede pensar en otras recomendaciones prácticas?

3. ¿Cuál verdad de este capítulo tuvo mayor efecto en usted y por qué?

*Capítulo 14: Una mirada a su vida secreta*

1. En los primeros 14 capítulos de este libro, nos enfocamos en *los secretos de una vida de influencia*. Elabore una lista abreviada de los ocho indicadores de progreso en la vida espiritual de un hombre que está en proceso de maduración. ¿Existen áreas débiles que usted debe atender de inmediato? Escriba sobre lo que usted hará al respecto.

2. De las dos imágenes, a saber, un témpano de hielo gigantesco y una montaña majestuosa, ¿cuál le gusta más como ilustración de un hombre de influencia? Ahora bien, ¿es esta una descripción precisa de *su* vida? ¿Por qué sí o por qué no?

3. ¿Cuál verdad de este capítulo tuvo mayor efecto en usted y por qué?

**Segunda parte:** ***Las señales de una vida de influencia***

*Capítulo 15: Un corazón de siervo*

1. En este capítulo empezamos con el estudio de nueve consejos de Pablo para ser buenos siervos. Escriba los primeros dos que se expusieron en este capítulo. Con relación al consejo #1, ¿considera que usted sirve un fin sublime?

2. Mientras piensa en el consejo #2, describa su situación actual en pocas palabras. ¿Ha permitido que esta situación, o cualquier otra cosa, le impida servir a Dios y su pueblo? ¿Cómo le ayuda la cita del misionero T. J. Bach en su situación?

3. ¿Cuál verdad de este capítulo tuvo mayor efecto en usted y por qué? Asegúrese de mantener actualizada su "lista de verdades únicas" en el transcurso de esta sección de su estudio.

*Capítulo 16: Una actitud de siervo*

1. Lea de nuevo 1 Ts. 2:1-12 y revise sus notas del capítulo anterior para comparar los primeros dos consejos sobre la actitud de un siervo. Añada los otros siete consejos de este capítulo a su lista. Anote cuál consejo fue más significativo para usted y por qué.

2. Ahora haga una lista de las cualidades de un siervo. ¿Qué hará para empezar su servicio o para mejorarlo?

3. ¿Cuál verdad de este capítulo tuvo mayor efecto en usted y por qué?

*Capítulo 17: Un compromiso a la excelencia*

1. Escriba los diez elementos de la mayordomía con excelencia (ojos fijos en la meta, aptitud, curiosidad, afición, aprendizaje, valentía, etc.) ¡Esto debe ser motivo de meditación y oración profundas! ¿En qué área es más fuerte y en cuál es más débil? ¿Por qué escogió esas dos?

2. Ahora enumere las cuatro "determinaciones" que pueden profundizar su compromiso a la excelencia. ¿Cuál "determinación" planea usted llevar a la práctica de inmediato? ¿Qué acción concreta emprenderá?

3. ¿Cuál verdad de este capítulo tuvo mayor efecto en usted y por qué?

*Capítulo 18: Una pasión como mentor*

1. Piense en un hombre que influenció su vida al ser su mentor, bien sea por palabra o por acción. Escriba dos lecciones que él le transmitió.

2. Considere el ministerio de Jesús como mentor, así como el de Pablo. ¿Qué sobresale más de la pasión de cada uno para asegurar la capacitación de otros hombres?

3. ¿Cuál verdad de este capítulo tuvo mayor efecto en usted y por qué?

*Capítulo 19: Una influencia de por vida*

1. Dedique unos minutos a pensar acerca de su influencia sobre su esposa, sus hijos, sus hermanos cristianos y su mundo. ¿Toma usted los pasos que se requieren para ejercer influencia duradera en sus vidas? ¿Qué debe hacer o cambiar para asegurar que su vida e influencia perduren?

2. ¿Es usted un hombre fiel, disponible y dispuesto a ser enseñado (p.182)? Describa su progreso en estas áreas. Una vez más, ¿hay cambios que usted necesite hacer?

3. ¿Cuál verdad de este capítulo tuvo mayor efecto en usted y por qué?

4. *Pregunta adicional.* Revise la "lista de verdades únicas" en las páginas 201–202. Ponga por escrito el cambio más serio que ha tenido que hacer durante este estudio, en...

...su vida personal

...su vida de hogar

...su vida pública

Después, dedique un tiempo para dar gracias a Dios porque va muy avanzado en el camino hacia convertirse un hombre de influencia, un hombre que deja una huella indeleble y perdurable en los demás.

*¡Viva para siempre, amigo mío!*

# LISTA DE VERDADES ÚNICAS

| Capítulo | Verdad que tuvo mayor efecto |
| --- | --- |
| 1. | |
| 2. | |
| 3. | |
| 4. | |
| 5. | |
| 6. | |
| 7. | |
| 8. | |

9.

10.

11.

12.

13.

14.

15.

16.

17.

18.

19.

# Notas


1. Eleanor L. Doan, *The Speaker's Sourcebook* [Libro de recursos para el orador] (Grand Rapids, Michigan: Zondervan Publishing House, 1977), p. 133.
2. John F. Kennedy, *Profiles in Courage* [Perfiles de valientes], edición inaugural (Nueva York: Harper and Row, 1955).
3. John Pollock, *The Man Who Shook the World* [El hombre que sacudió el mundo] (Wheaton, Illinois: Victor Books, 1973), p. 39.
4. Merrill C. Tenney, editor general, *The Zondervan Pictorial Encyclopedia of the Bible* [La enciclopedia de imágenes bíblicas de Zondervan], tomo 4 (Grand Rapids, Michigan: Zondervan Publishing House, 1975), p. 625.
5. D. A. Hayes, *Paul and His Epistles* [Pablo y sus epístolas] (Grand Rapids: Baker Book House, 1968).
6. Pollock, *The Man Who Shook the World* [El hombre que sacudió el mundo] (Wheaton, Illinois: Victor Books, 1973).
7. Como aparece citado en *World Shapers* [Moldeadores del mundo] (Wheaton, Illinois: Harold Shaw Publishers, 1991), p. 16.
8. Doan, *The Speaker's Sourcebook* [Libro de recursos para el orador], cita del poema de Cal Stargel "In This Day" ["En este día"], p. 133.
9. Charles R. Swindoll, *Paul: A Man of Grace and Grit* [Pablo, un hombre de gracia y aguante] (Nashville, Tennessee: W Publishing Group, 2002), p. 17.
10. Himno *Hallelujah, What a Savior!* ["Aleluya, ¡qué Salvador!], escrito por Phillip P. Bliss.
11. "I Met the Master Face to Face" [Me encontré con el Maestro cara a cara], autor y fuente desconocidos.

12. Como aparece citado en *World Shapers* [Moldeadores del mundo] (Wheaton, Illinois: Harold Shaw Publishers, 1991), p. 90.
13. Kenneth W. Osbeck, *Amazing Grace* [Gracia admirable] (Grand Rapids, Michigan: Kregel Publications, 1990), p. 88.
14. Roy B. Zuck, *The Speaker's Quote Book* [Libro de citas para el orador] (Grand Rapids, Michigan: Kregel Publications, 1997), p. 16.
15. Romanos 11:25; 1 Corintios 12:1; 2 Corintios 1:8; 1 Tesalonicenses 4:13.
16. Zuck, *The Speaker's Quote Book* [Libro de citas para el orador], p. 38.
17. John Witherspoon, como se cita en el libro de Albert M. Wells, hijo, *Inspiring Quotations–Contemporary and Classical* [Citas inspiradoras clásicas y contemporáneas] (Nashville, Tennessee: Thomas Nelson Publishers, 1988), p. 73.
18. R. Kent Hughes, *Disciplines of a Godly Man* [Las disciplinas de un hombre piadoso] (Wheaton, Illinois: Crossway Books, 1991), p. 15.
19. John F. MacArthur, *The MacArthur New Testament Commentary–1 Timothy* [Comentario MacArthur del Nuevo Testamento, Primera Timoteo. Muy pronto en castellano por Editorial Portavoz] (Chicago, Illinois: Moody Press, 1995), p. 164.
20. *Ibíd.*
21. Oswald Chambers, citado en el libro de Wells, *Inspiring Quotations* [Citas inspiradoras], p. 73.
22. Richard S. Taylor, *The Disciplined Life* [La vida disciplinada] (Minneapolis, Minnesota: Bethany House Publishers, 1962), p. 23.
23. V. Raymond Edman, *The Disciplines of Life* [Las disciplinas de la vida] (Minneapolis, Minnesota: World Wide Publications, 1948), p. 9.
24. Taylor, *The Disciplined Life* [La vida disciplinada], p. 23.
25. Edward R., Dayton y Ted W. Engstrom, *Strategy for Living* [Estrategia para vivir] (Glendale, California: Regal Books Division G/L Publications, 1978), p. 32.
26. A. B. Simpson, citado en el libro de Wells, *Inspiring Quotations* [Citas inspiradoras], p. 73.
27. Hughes, *Disciplines of a Godly Man* [Las disciplinas de un hombre piadoso], pp. 62-63.
28. Sherwood Eliot Wirt y Kersten Beckstrom citan a Henry R. Brandt en su obra *Topical Encyclopedia of Living Quotations* [Enciclopedia temática de citas vivientes] (Minneapolis, Minnesota: Bethany House Publishers, 1982), p. 86.
29. Stephen Arterburn y Fred Stoeker, *Every Man's Battle* [La batalla de todo hombre] (Colorado Springs, Colorado: WaterBrook Press, 2000), p. 4.

EDITORIAL
PORTAVOZ

## NUESTRA VISIÓN

Maximizar el efecto de recursos cristianos de calidad que transforman vidas.

## NUESTRA MISIÓN

Desarrollar y distribuir productos de calidad —con integridad y excelencia—, desde una perspectiva bíblica y confiable, que animen a las personas a conocer y servir a Jesucristo.

## NUESTROS VALORES

*Nuestros valores se encuentran fundamentados en la Biblia, fuente de toda verdad para hoy y para siempre. Nosotros ponemos en práctica estas verdades bíblicas como fundamento para las decisiones, normas y productos de nuestra compañía.*

Valoramos la excelencia y la calidad
Valoramos la integridad y la confianza
Valoramos el mérito y la dignidad de los individuos y las relaciones
Valoramos el servicio
Valoramos la administración de los recursos

Para más información acerca de nuestra editorial y los productos que publicamos visite nuestra página en la re[illegible]
www.portavoz.com

30. Charles R. Swindoll, *The Quest for Character* [La búsqueda del carácte (Portland, Oregon: Multnomah Press, 1987), p. 21.
31. Wells, *Inspiring Quotations* [Citas inspiradoras], p. 128.
32. D. L. Moody, *Notes from My Bible and Thoughts from My Library* [Not de mi Biblia y pensamientos de mi biblioteca], cita a Pushon (Gra Rapids, Michigan: Baker Book House, 1979), p. 331.
33. *Checklist for Life for Men* [Lista de cosas para hacer en la vida por l hombres], incluye una cita de Douglas Groothuis (Nashvil Tennessee: Thomas Nelson Publishers, 2002), p. 135.
34. Como se cita en *World Shapers* [Moldeadores del mundo], p. 121.
35. *Ibíd.*, p. 75.
36. John C. Maxwell, *The 21 Indispensable Qualities of a Leader* [ cualidades indispensables para un líder] (Nashville, Tennessee: Thor Nelson Publishers, 1999), pp. 135-136.
37. Jim George, *God's Wisdom for Little Boys* [Sabiduría de Dios para niños] (Eugene, Oregon: Harvest House Publishers, 2002).
38. Gary Inrig, *A Call to Excellence* [Un llamado a la excelencia] (Wheat Illinois: Victor Books, 1985), p. 87.
39. Sid Buzzell, editor general, *The Leadership Bible* [La Biblia para líde (Grand Rapids, Michigan: Zondervan Publishing House, 1998 1366.
40. Maxwell, *The 21 Indispensable Qualities of a Leader* [21 cualid indispensables para un líder], p. 20.
41. Charles R. Swindoll, *The Tale of the Tardy Oxcart* [El cuento d carreta atrasada], cita de Warren Webster (Nashville, Tennessee: W Publishing, 1998), p. 300.
42. Robert E. Coleman, The Master Plan for Evangelism [El evangelístico del Maestro] (Old Tappan, Nueva Jersey: Flemin Revell Company, 1987), p. 7.